GUIDE
DE
L'ÉTRANGER
DANS LA VILLE D'AVIGNON
ET SES ENVIRONS.

AVIGNON.

GUIDE
DE
L'ÉTRANGER
DANS LA VILLE D'AVIGNON
ET SES ENVIRONS

PAR AUGUSTIN CANRON

DE LA SOCIÉTÉ FRANÇAISE POUR LA CONSERVATION ET LA DESCRIPTION DES
MONUMENTS HISTORIQUES, DU COMITÉ ARCHÉOLOGIQUE DE VAUCLUSE,
DE LA SOCIÉTÉ D'ÉTUDES SCIENTIFIQUES ET ARCHÉOLOGIQUES
DE LA VILLE DE DRAGUIGNAN, ETC.

AVIGNON

TYPOG. DE THÉODORE FISCHER AINÉ, RUE DES ORTOLANS, 4

1858

PROPRIÉTÉ DE L'ÉDITEUR.

PRÉFACE.

Un livre manquait à l'Etranger qui s'arrête à Avignon ; et depuis bien longtemps les voyageurs, les artistes et les savants ne cessaient de réclamer un *Guide* pour visiter l'antique cité des Papes.

Nous avons essayé de combler cette lacune ; et dans ce but, nous livrons aujourd'hui à la publicité le résultat de sérieuses recherches et d'études consciencieuses sur les monuments de notre ville natale. Nous ne nous serions jamais décidé à entreprendre un pareil travail, si nous n'avions été soutenu par les encouragements et les conseils des hommes les plus versés dans notre histoire avignonaise. Nous sommes heureux de pouvoir, au commencement de cet ouvrage, payer un juste tribut de reconnaissance à MM. P. Achard, archiviste du département, A. Deloye, conservateur du Musée-Calvet, et C. Barjavel, de Carpentras, auteur de l'excellent *Dictionnaire bio-bibliographique de Vaucluse*; et, si nous n'avons point relaté à chaque page les communications nombreuses que nous devons à leur extrême obligeance, c'est que nous avons craint de surcharger notre livre d'indications qui fatiguent le lecteur sans rien lui apprendre.

Après avoir conduit l'Etranger dans Avignon, il est nécessaire que nous lui fassions parcourir aussi les environs de cette ville. Peut-être quelquefois l'excursion que nous lui proposerons sera-t-elle un peu longue : nous en convenons volontiers. Cependant, si l'on songe qu'en plein XIXe siècle, la Provence monumentale est encore inconnue à la plupart des touristes, l'on ne trouvera point étonnant que nous conseillions au voyageur de visiter Orange, Vaison, Carpentras, Apt,

Cavaillon, les Baux et Saint-Remy. Nous avons parcouru bien souvent ces différentes localités; et toujours dans ces courses nous avons éprouvé des impressions que nous sommes heureux de faire partager à ceux que l'amour des voyages, le culte de l'antiquité ou la passion des beaux-arts attire dans nos provinces méridionales.

Nous dédions donc notre livre aux touristes, aux archéologues et aux artistes. Nous avons tâché d'offrir à chacun d'eux quelque chose qui pût exciter leur intérêt et piquer leur curiosité : aux uns nous avons fait connaître l'histoire, les mœurs, les illustrations, les produits et le commerce des pays que nous traversons; aux autres nous avons décrit les monuments anciens et modernes que nous rencontrons sur notre route ; aux artistes, enfin, nous avons indiqué tous les tableaux, sculptures et objets d'art qu'il nous a été possible de découvrir.

Malgré tous nos efforts, notre *Guide* ne sera pas accueilli peut-être de tout le monde avec une égale faveur. Mais quelle que soit sa destinée, nous n'hésitons pas à le donner au public : il servira, du moins, à fournir des indications précises, si quelque plume plus exercée que la nôtre vient, un jour, prendre en sous-œuvre et perfectionner notre travail.

GUIDE DE L'ÉTRANGER DANS LA VILLE D'AVIGNON ET SES ENVIRONS

CHAPITRE PREMIER

PRÉCIS HISTORIQUE ET GÉOGRAPHIQUE SUR AVIGNON

I

Topographie d'Avignon. — Climat. — Territoire. Mœurs et langage des habitants.

La ville d'Avignon (*Avenio, Avinio, Avennicorum civitas*) est à 73 myriamètres de Paris, 27 de Lyon, 15 de Valence, 4 de Nimes et 12 de Marseille. Elle se trouve sous le 2me degré de longitude à l'Est du méridien de Paris, et sous le 43me de latitude Nord.

Située sur la rive gauche du Rhône, à 3 kilomètres de l'embouchure de la Durance, elle domine, par son heureuse position, non seulement le département de

Vaucluse, dont elle est le chef-lieu, mais encore une partie des départements du Gard et des Bouches-du-Rhône.

Les routes du Languedoc et de la Provence viennent dans ses murs s'unir et se confondre avec la grande route de Paris à Antibes; et chaque jour, les divers convois du chemin de fer de Lyon à la Méditerranée et les bateaux à vapeur du Rhône y déposent un nombre considérable de voyageurs.

Son ciel digne de l'Italie, son athmosphère pure et embaumée, ses vertes et riantes campagnes, ses environs pittoresques et accidentés la rendraient un séjour délicieux, si le terrible vent du Nord-Ouest, connu dans le pays sous le nom de *Bise* ou de *Mistral*, n'y faisait trop souvent ressentir ses rigueurs et ses violences. Les anciens disaient: *Avenio ventosa, sine vento venenosa, cum vento fastidiosa.*

Son territoire occupe une superficie de 8,413 hectares: arrosé par les mille canaux qui dérivent de la Fontaine de Vaucluse et de la Durance, il est d'une fertilité extraordinaire et semble propre à toutes les cultures: la garance, le murier, la vigne, l'olivier, les arbres à fruits, les céréales y croissent en abondance; les plantes du Nord y acquièrent en très-peu de temps leur développement, et la coupe des prairies s'y fait jusqu'à cinq fois dans l'année.

L'industrie manufacturière d'Avignon est très-active et prend chaque jour une nouvelle importance: ses usines de garance en poudre et ses manufactures de soieries ont une réputation presque européenne; ses teintureries, ses tanneries, ses filatures de soie et ses fabriques de produits chimiques sont aussi très-estimées.

Une franchise un peu brusque et une exaltation souvent impétueuse caractérisent l'Avignonais : fidèle, désintéressé, loyal, généreux, doué d'une imagination ardente et d'une conception très-vive, plein d'aptitude pour les arts et les sciences, passionné pour la poésie et la musique, et associant volontiers le goût des spectacles aux fêtes religieuses, il a dans ses habitudes quelque chose de l'indolence et de l'insouciance italiennes. C'est ce qui a fait dire à un spirituel écrivain, à M. A. de Pontmartin, *qu'il y a dans Avignon un je ne sais quoi qui indique au voyageur que cette ville où il entre est française par raison et par convenance; mais qu'elle appartient de cœur à d'autres mœurs et à un autre horizon.*

La langue traditionnelle que le peuple parle encore à Avignon et que les classes élevées sont loin de dédaigner est un mélange de latin et de catalan : riche, harmonieuse, expressive, elle est surtout agréable dans la bouche des femmes et se prête admirablement aux mouvements de l'éloquence et aux charmes de la poésie.

II

Coup-d'œil sur l'histoire d'Avignon.

Les étymologistes n'ont pu dire avec certitude d'où vient le nom d'Avignon : les uns le tirent du grec; les autres le forment de deux mots celtiques; d'autres le font dériver du latin *ab avibus, à vento, à vineis.*

De leur côté, les historiens ne sont point d'accord sur l'origine de cette ville; et ils se perdent en conjectures pour fixer la date de sa fondation. Ce qu'il y a de bien certain, c'est que, plusieurs siècles avant l'ère chrétienne, elle était regardée comme la capitale des Gaulois Cavares. Puis elle s'attacha à la république de Marseille : un passage d'Etienne de Bysance semblerait même indiquer qu'elle fut pendant quelque temps occupée par les Marseillais. A l'époque de l'établissement de la domination romaine dans les Gaules, elle fut érigée en colonie de vétérans ; plus tard, elle obtint le titre et les droits de cité latine ; et elle devint si florissante que, sous les premiers Césars, elle comptait au nombre des villes les plus opulentes de la Gaule Narbonaise.

Sur la fin du IVe siècle et au commencement du Ve, elle eut beaucoup à souffrir des troubles et des déchirements qui signalèrent la chûte de l'Empire ; et elle fut plusieurs fois saccagée par les barbares qui du Nord et de l'Orient se précipitaient sur les provinces romaines. C'est ainsi que, vers l'an 405, elle tomba au pouvoir des Vandales qui la mirent à feu et à sang ; en 413, elle fut comprise dans cette partie de la province Viennoise que le général romain Aétius fut contraint de céder aux Bourguignons pour arrêter leur marche victorieuse.

En 500, elle parut comme le boulevard et la place forte du royaume de Bourgogne : poursuivi à outrance par Clovis, le roi Gondebaud s'enferma dans ses murs et soutint glorieusement contre les Francs un siège des plus longs et des plus mémorables, dont l'histoire nous ait conservé le souvenir. En 504, Clovis, ayant uni ses troupes à celles de Théodoric, roi des Ostrogoths, se jeta encore sur les états de Gondebaud : il en fit la conquête et donna à son allié tout le pays situé en deçà du Rhône et de la Saône. La ville d'Avignon passa ainsi sous la domination Ostrogothe; peu après cependant, elle retourna aux Bourguignons; mais ce ne fut pas pour long-temps : prise en 522 par les fils de Clovis, puis rendue par eux à Godomar, roi de Bourgogne, elle fut de nouveau conquise par leurs armes, et elle échut en partage à Childebert, l'un d'eux, qui régnait à Paris.

A la mort de ce prince arrivée en 565, son neveu Gontran, roi d'Orléans, hérita d'Avignon; Sigebert, son frère, parvint bientôt à l'en déposséder. Gontran, pour se venger, envoya le patrice Celse mettre le siège devant la ville qui ne tarda pas à se rendre. Recouvrée presque aussitôt par Sigebert et unie par lui à son royaume d'Austrasie, elle fut attaquée par Gontran en personne; mais elle lui opposa une si vive résistance qu'il fut obligé de se retirer avec ses soldats.

Il n'en fut pas de même un siècle et demi plus tard, lorsque les Sarrazins, en 731, envahirent la Provence: la noblesse Avignonaise s'avança à leur rencontre jusque sur les bords de la Durance; malgré la générosité de son courage, elle fut écrasée par les infidèles qui entrèrent en vainqueurs dans la cité. A cette nouvelle, Charles-Martel, qui venait de tailler en pièces l'armée d'Abdérame dans les plaines de Tours, accourut sous les murs d'Avignon; au premier assaut, il se rendit maître de la place et passa les barbares au fil de l'épée.

A dater de cette époque, pendant une période de plus de cent trente années, la ville d'Avignon resta heureuse et tranquille sous le sceptre des Carlovingiens. Mais, en 879, elle fut détachée du royaume Franc et enclavée dans celui d'Arles que venait de fonder Boson, Comte des Ardennes.

Vers 1125, les Comtes de Provence, qui s'étaient rendus indépendants des rois d'Arles s'emparèrent d'Avignon ; et, comme la propriété de cette ville leur était vivement disputée, ils consentirent à la posséder par indivis avec les Comtes de Toulouse, descendants comme eux du roi Boson.

Quelques temps après, à la faveur des guerres civiles qui éclataient de tous les côtés, les Avignonais secouèrent le joug presque illlusoire de leurs souverains et s'organisèrent en république municipale ; leur indépendance fut solennellement reconnue par Conrad le Salique et Frédéric Barberousse qui la mirent sous la protection et la sauvegarde du Saint Empire romain.

Malheureusement, en 1226, gagnés par Raymond VII, Comte de Toulouse, ils embrassèrent la cause des Albigeois : Louis VIII, roi de France, qui avait pris la croix contre ces hérétiques, marcha sur Avignon, à la tête de 50,000 hommes ; après trois mois de siège, il prit la ville et la fit démanteler. Dès-lors, la république avignonaise ne fut plus que l'ombre d'elle-même ; aussi en 1251, à son retour de Terre-Sainte, Charles d'Anjou put-il facilement, par le traité de Beaucaire, la faire rentrer sous l'ancienne domination des Comtes de Provence et des Comtes de Toulouse. Quelques années plus tard, les droits des Comtes de Toulouse passèrent aux Comtes de Poitiers, et peu après aux rois de France. Cependant, en 1290, en considération du mariage de son cousin Charles de Valois avec Marguerite, fille de Charles II, Comte de Provence, le roi Philippe-le-Bel abandonna à ce dernier tous ses droits sur Avignon qui dès-lors ne dépendit plus que des Comtes de Provence.

— 7 —

Mais ce qui illustrera à jamais Avignon, c'est le séjour que firent dans ses murs les Souverains Pontifes au xive siècle : sept papes s'y succédèrent, Clément V, Jean XXII, Benoît XII, Clément VI, Innocent VI, Urbain V et Grégoire XI. L'un d'eux, Clément VI, à la sollicitation de Jeanne, reine de Naples et Comtesse de Provence, acheta de cette princesse Avignon et son territoire, le 9 Juin 1348, au prix de 80,000 florins d'or.

En devenant ainsi propriété temporelle du Saint-Siège, cette ville ne fut point comprise pour cela dans le Comtat-Venaissin qui l'avoisinait et qui depuis 1274 appartenait aux Souverains Pontifes ; elle forma à elle seule un petit état absolument distinct et indépendant, avec ses lois et ses coutumes particulières.

Pendant près de cinq cents ans, Avignon resta sous la domination des Papes ; et c'est à peine si l'heureuse tranquillité de ses habitants fut troublée par les funestes divisions du Grand Schisme d'Occident et les guerres religieuses du xvie siècle.(1) Ce ne fut que vers 1652, que commença la lutte entre l'aristocratie et le peuple, lutte terrible et longue qui suscita des ennemis au gouvernement pontifical et qui finit par amener la réunion de la ville d'Avignon à la France. Cette réunion fut

(1) L'archiprêtre Arnoux de Servole avec ses *Compagnies Blanches* et le connétable Duguesclin avec les *Grandes Compagnies* se présentèrent devant Avignon, le premier en 1360, et le second en 1366 ; l'argent de la Papauté put seul délivrer les Avignonais de ces visiteurs terribles. En 1433, Avignon, refusant de reconnaître pour légat le frère d'Eugène IV, fut assiégée par le Comte de Foix, qui lui fit payer cher sa résistance. En 1533, lorsque Charles-Quint envahit la Provence, cette ville devint le quartier général de l'armée française.

proclamée par une partie de la population, le 12 juin 1790 : le 13 septembre 1791, elle fut sanctionnée par un décret de l'Assemblée Nationale. Et depuis cette époque Avignon n'a cessé d'appartenir à la France.

III

Administration intérieure d'Avignon.

Pendant longtemps, la ville d'Avignon fut gouvernée par les lois que lui imposèrent les divers souverains sous la domination desquels elle passa. Vers le milieu du xe siècle, elle était administrée par un *vicomte* qui relevait des comtes de Provence. Mais, en 1128, lorsqu'elle proclama son indépendance, elle prit toutes les allures d'une ville libre : elle confia d'abord son gouvernement à son évêque et à des consuls; puis elle se donna des podestats, se choisit un sénat, se créa une milice, fit battre monnaie, adopta, en un mot, toutes les institutions des républiques italiennes.

Lorsqu'elle retourna aux comtes de Provence et aux comtes de Toulouse, ces princes la firent administrer par un *Viguier* ou *Vicaire*. Les deux juges, qui avaient été établis sous le gouvernement républicain pour rendre la justice, furent conservés, à condition qu'ils siégeraient sous la présidence du Viguier et que l'on pourrait appeler de leurs sentences, en première instance, devant le juge-mage d'Aix, et, en dernière, devant le sénéchal de Beaucaire : Cependant Robert, roi de Naples et comte de Provence, prohiba, en 1310, tout appel hors d'Avignon.

Les papes, devenus maîtres d'Avignon, se contentèrent de la haute administration de la ville ; ils lui laissèrent ses institutions anciennes, confirmèrent tous ses privilèges et lui en octroyèrent de nouveaux. Quand ils revinrent en Italie, ils gouvernèrent Avignon et le Comtat Venaissin par un Cardinal-Légat qui réunissait tous les pouvoirs spirituels, judiciaires, administratifs et militaires. En 1692, Innocent XII remplaça le Légat par un Vice-légat dont l'autorité était subordonnée à une congrégation de cardinaux et de prélats établie à Rome. Le Vice-légat était le vicaire général du Saint-Siège, tant pour le spirituel que pour le temporel ; il avait les mêmes pouvoirs que le grand pénitencier de Rome et jugeait par appel de toutes les affaires ; il était le surintendant général des armes du Pape dans l'Etat d'Avignon et dans tout le Comtat Venaissin ; il avait même une certaine juridiction sur la principauté d'Orange, le Dauphiné, la Provence et le comté de Nice.

Le Viguier était, après le Vice-légat, le premier magistrat de la ville ; toujours gentilhomme, il était nommé tous les ans par le Pape et avait la qualité de vicaire général de Sa Sainteté pour le temporel.

Les consuls constituaient l'édilité municipale ; ils étaient au nombre de trois ; le premier, toujours noble, avait le titre de gentilhomme ordinaire de la chambre du roi, titre qui avait été accordé à perpétuité par lettres patentes de François 1er de l'année 1533. Ces consuls, auxquels était joint l'*Assesseur* ou orateur de la cité, étaient élus par le conseil de ville, le 23 juin de chaque année. Ce conseil ne pouvait jamais s'assembler sans l'autorisation du Viguier ; il se composait de quarante-huit membres, dont quatre étaient députés par le Clergé, et quatre par l'Université.

Les tribunaux de la Rote, de la Daterie, de l'Auditeur général, de St-Pierre et de la Vice-gérence connaissaient de toutes les affaires judiciaires. Il y avait encore un Juge particulier pour les gabelles, un conseil de Prudhommes, une Conservation pour les affaires de commerce. L'Archevêque avait son Officialité et le tribunal du Saint Office. Les consuls jugeaient des affaires concernant la petite voirie; et le primicier de l'Université exerçait une juridiction privative sur tous les étudiants et docteurs. La force publique se composait de cinq Grands Officiers, 49 Chevau-légers, 20 Gardes Suisses, 130 hommes d'infanterie et deux brigades de maréchaussée.

Les Avignonais, en vertu des lettres patentes de François 1er, étaient reconnus comme régnicoles de France; ils pouvaient posséder dans le royaume toutes sortes de charges et de bénéfices et y prendre du service militaire.

La ville d'Avignon est aujourd'hui le chef-lieu du département de Vaucluse, et de la 4e subdivision de la 9e division militaire, le siège d'un tribunal de première instance, d'un tribunal de commerce, d'un conseil de prudhommes, d'une chambre de commerce, d'une direction télégraphico-électrique, d'une succursale de la banque de France, et d'un entrepôt réel de douanes. Son conseil municipal se compose de 30 membres, et son maire est assisté de quatre adjoints, dont un spécial pour le bourg annexe de Morières. Elle est divisée en deux cantons (*Nord* et *Sud*) ou arrondissements de justice de paix.

IV

Population de la ville d'Avignon.

On ne saurait indiquer d'une manière bien précise le chiffre de la population de la ville d'Avignon avant l'arrivée des papes dans ses murs. En 1348, lorsqu'éclata la fameuse *peste noire,* on y comptait 70,000 habitants, dont 20,000 succombèrent aux atteintes du fléau. En 1721, le nombre total des habitants se trouva réduit à 18,000; en 1789, il était de 26,000; en 1808, de 23,789; en 1836, de 29,289, et en 1851, de 35,890.

D'après le recensement de 1856, la population officielle de la ville, y compris le bourg de Morières, l'île de la Barthelasse, celle de Piot (1) et le reste de la banlieue, est de 37,077 âmes.

Ces 37,077 habitants se divisent ainsi sous le rapport de l'état civil:

Sexe Masculin :	Garçons	12,218	
	Hommes mariés	6,342	19,270
	Veufs	710	
Sexe Féminin :	Filles	9,652	
	Femmes mariées	6,300	17,807
	Veuves	1,855	

Et sous le rapport de la religion, on compte à Avignon 36,639 catholiques romains, 253 calvinistes, 31 luthériens et anglicans, 149 israélites, et 5 personnes appartenant à d'autres communions.

---

(1) Par un décret impérial en date du 26 juillet 1856, l'île de la Barthelasse et celle de Piot ont été distraites, la première de la commune de Villeneuve les-Avignon (Gard), et la seconde de la commune des Angles (Gard), et réunies à la commune d'Avignon.

Les 36,639 catholiques romains sont repartis en sept paroisses, dont trois pour la banlieue, ainsi qu'il suit:

St-Agricol. .	7,270 ames.	St-Didier. .	6,149 ames.
St-Pierre. .	6,923 ames.	St-Symphorien..	10,154 ames.

St-André de Morières, (*banlieue*). . . . 1,809 ames.
N.-D.-de-Bon-Repos de Montfavet, (*banl.*) 2,369 ames.
N.-D.-Auxiliatrice du Pontet, (*banlieue*). 1,647 ames.

Les 318 habitants des îles de la Barthelasse et de Piot dépendent encore pour le spirituel du diocèse de Nîmes.

V

Institutions et établissements publics de la ville d'Avignon.

En décrivant les divers monuments et édifices qui ornent et embellissent la ville d'Avignon, nous ferons connaître le but, l'utilité et l'organisation des institutions auxquelles ils sont affectés: par conséquent, pour ne point fatiguer le lecteur par des répétitions et des redites, et aussi pour lui faire embrasser d'un seul coup d'œil l'ensemble des établissements Avignonais, nous nous bornerons à ne lui en donner ici qu'une nomenclature pure et simple:

1° *Établissements religieux*: Archibasilique de N. D. des Doms, église métropolitaine desservie par 10 chanoines. — 4 Eglises paroissiales *intra muros*, desservies chacune par un curé et quatre vicaires. — 3 Eglises paroissiales *extra muros*, desservies chacune par un desservant et un vicaire. — 35 Eglises et chapelles affectées à quelque communauté religieuse, confrérie, maison d'éducation ou hospice. — Noviciat des RR. PP. de la compagnie de Jésus. — Noviciat des FF. des Ecoles chrétiennes. — Noviciat des RR. PP. Récollets ou Franciscains de la plus étroite observance. — 3 Confréries de pénitents: les Gris, les Blancs, et les Noirs. — 3 Congrégations: des Hommes, des Portefaix du Rhône, des Servantes. — Communauté des Religieuses Carmélites, des Religieuses Dominicaines de l'Adoration perpétuelle du St Sacrement. — 5 Cimetières catholiques.

Les Protestants ont un temple; les Israélites une Synagogue et un Cimetière.

2° *Établissements charitables*: Hôtel-Dieu, dit de Ste-Marthe, hôpital général civil et militaire. — Aumône (hospice St-Louis) pour les indigents, les vieillards, les mendiants, les orphelins et les enfants trouvés. — Hospice Isnard, pour les ouvriers en soie et en garance malheureux et les négociants ruinés. — Asile public d'Aliénés, avec une succursale dans la banlieue. — Bureau de Bienfaisance. — Mont-de-Piété et Caisse d'Epargnes. — OEuvre de la miséricorde pour le soulagement des prisonniers. — 5 conférences de St-Vincent de Paul. — Société de St-François Xavier pour les ouvriers. — Crèche de la Ste-Enfance et Ouvroir. — Société de charité maternelle. — Association avignonaise de bienfaisance mutuelle. — OEuvre des pauvres Eglises. — Sœurs de St-François d'Assise, garde-malades. — Petite Providence. — Dames de charité. — Refuge ou grande Providence. — OEuvre des domestiques. — Bon-Pasteur (Refuge, sourdes-Muettes, orphelines). — Dispensaire des sœurs de St-Vincent de Paul. — Société de secours mutuels des ouvriers réunis, etc., etc.

3° *Établissements enseignants* : Grand séminaire dirigé par MM. de St-Sulpice. — Petit séminaire. — Maîtrise de l'Eglise métropolitaine.—Collège St-Joseph des Jésuites avec externat gratuit. — Lycée Impérial. — École normale primaire avec école primaire.—8 Écoles communales des FF. des Écoles chrétiennes. — 6 Pensionnats ou écoles de garçons. — 4 Écoles communales de filles dirigées par les sœurs de St-Charles. — Pensionnats et écoles des Religieuses du Sacré-Cœur, de l'Immaculée Conception, de St-Charles, de la Visitation, des Ursulines, de St-Eutrope et de St François d'Assise. — 6 Pensionnats ou écoles de demoiselles. — Cours communaux et gratuits de physique et chimie, d'arithmétique, géométrie et mécanique, de dessin linéaire et architecture, de dessin et de peinture, de plain-chant, de musique vocale. — Salle d'Asile. — Cours d'accouchement et d'anatomie. — École protestante et Israélite.

4° *Établissements civils et militaires* : Hôtel de ville. — Archevêché. — Hôtel de la Préfecture. — Palais de Justice.— Banque de France.—Bourse de commerce.— Musée Calvet et Bibliothèque publique. — Musée d'histoire naturelle. — Jardin des plantes. — Théâtre. — Prison. — 4 Casernes. — Pénitencier militaire. — Douane. — 4 Magasins militaires.

VI

Hommes illustres de la ville d'Avignon.

Nous n'aurions accompli que la moitié de notre tâche, si, à la fin du Précis historique et géographique que nous venons de donner sur la ville d'Avignon, nous ne faisions pas connaître, succinctement du moins, les hommes les plus distingués qu'elle a donnés à l'Église, à l'armée, aux sciences et aux arts.

ARTAUD (*Antoine-Marie-François*), né le 8 avril 1767, savant archéologue, fonda le Musée d'Orange et dirigea longtemps le Musée et l'Ecole de peinture de Lyon. Il était chevalier de St-Michel et de la Légion d'honneur, membre de l'Institut et correspondant d'un grand nombre d'académies tant nationales qu'étrangères. Il est mort à Orange, le 27 mars 1838.

BERTON des BALBES (*Louis* de), plus connu sous le nom de *Brave Crillon*, né le 5 mars 1541, fut l'ami d'Henri IV. Il servit sous cinq règnes et peut être regardé comme un des plus grands capitaines du XVIe siècle. Il mourut à Avignon, le 2 décembre 1615.

BERTON des BALBES, duc de Crillon (*Louis* de), arrière petit neveu du précédent, se rendit célèbre par la conquête qu'il fit, en 1782, de l'île de Minorque et de la ville de Mahon, pour le compte du roi d'Espagne : ce haut fait d'armes lui valut la grand'croix de Charles III, les titres de duc de Mahon, de Grand d'Espagne et les applaudissements de l'Europe entière. Né à Avignon en 1718, il mourut à Madrid en 1796.

BOULOGNE (*Etienne-Antoine*), né le 26 décembre 1749, et mort à Paris le 13 mai 1825, fut un des premiers prédicateurs du commencement de ce siècle. Il était Archevêque-évêque de Troyes et pair de France.

CALVET (*Esprit-Claude-François*), né le 24 novembre 1728, docteur et professeur en médecine, correspondant de l'Académie des inscriptions et belles-lettres, archéologue distingué, fonda le musée et la bibliothèque de sa ville natale, où il est mort le 25 juillet 1810.

CAMBIS-VELLERON (*Joseph-Louis-Dominique* de), né le 31 janvier 1693 et mort en 1772, fut un bibliophile éclairé et l'un des littérateurs les plus renommés de son siècle. Son oncle, *Louis-Dominique*, né comme lui à Avignon, chevalier de Malte et maréchal de camp, fut ambassadeur de Louis XV à Vienne, à Londres, à Turin : il mourut à Londres, le 12 février 1740, à l'âge de 71 ans.

FAVART, née du Ronceray (Mme *Benoîte-Justine*), née le 15 juin 1727, célèbre actrice, fut appelée à jouer devant toutes les cours souveraines de l'Europe ; elle fut la première, malgré de vives oppositions, à introduire le costume historique sur la scène. Elle mourut à Paris, le 20 Avril 1772.

FOLARD (le chevalier *Jean-Charles* de), né le 13 février 1669 et mort le 23 mars 1752, surnommé le *Végèce moderne*, mestre de camp des armées du roi, a laissé sur Polybe des commentaires très-estimés qui faisaient l'admiration du grand Frédéric.

FORTIA d'URBAN (*Agricol-François-Xavier*, marquis de), né le 18 février 1756, et mort à Paris le 4 août 1843, membre de l'Académie des inscriptions et belles-lettres, a laissé une foule d'ouvrages qui dénotent une grande érudition et une patience de bénédictin : on lui doit, entr'autres, une nouvelle édition et la continuation de l'*Art de vérifier les dates*.

FRANQUE (*Jean-Baptiste*), né en 1678, fut un habile architecte ; il mourut en 1758. Son fils *François* marcha sur ses traces et devint architecte du roi : il était membre de l'Académie royale de sculpture, et exerça longtemps à l'hôtel des Invalides de Paris les fonctions de contrôleur général des bâtiments.

GALÉAN (*Charles-Félix* de), comte de Gadagne, né en 1620, servit sous Condé et sous Turenne en qualité de maréchal de camp. A Arras, à Rocroy, aux Dunes et au siège d'Etampes, il fit des prodiges de valeur. Plus tard, il fut élu généralissime des troupes de terre et de mer de la République de Venise dans la guerre contre les Turcs. Il mourut, le 6 janvier 1700, à son château de Gadagne.

LORIN (*Jean*), né en 1559, et mort à Dôle en 1634, fut un des premiers théologiens de la compagnie de Jésus : sa vaste et profonde érudition le fit surnommer par ses contemporains la *bibliothèque vivante*, le *musée ambulant*.

MEIR (*Joseph*), savant rabbin, né en 1496 et mort près de Gênes en 1554, fut un hébraïsant des plus distingués : il a laissé un grand nombre d'ouvrages très-estimés et écrits en latin, en italien et en hébreu.

MIGNARD (*Pierre*), fils du fameux Nicolas Mignard et neveu de Mignard le Romain, naquit à Avignon en 1640 et y mourut en 1725. Peintre de la reine de France, membre de l'Académie royale d'architecture, chevalier de l'ordre du Christ, il tient un rang illustre parmi les peintres et les architectes.

PAGAN (le Comte *Blaise François* de), né le 3 mars 1604, maréchal de camp, donna des preuves éclatantes de sa bravoure aux sièges de Caen, de St Jean d'Angély, de Clairac et de Montauban et aux barricades de Suze. Très-habile dans l'art des fortifications, il fut chargé par Louis XIII de tracer le plan du siège de Nancy, et il eut la gloire de former par ses leçons le célèbre Vauban. Il mourut à Paris, le 18 Novembre 1665.

PARROCEL (*Pierre*), peintre célèbre, né en 1664 et

mort à Paris en 1739. Son fils *Joseph-Ignace* se distingua aussi dans la peinture et fut membre de l'Académie royale de Paris.

PÉRU (*Jean-Baptiste*), né en 1650, fut un sculpteur très-habile dont les œuvres sont aujourd'hui fort estimées.

PÉZÉNAS (*Esprit*), jésuite, né en 1692 et mort en 1776, ancien professeur d'hydrographie au collège de la marine de Toulon, directeur de l'Observatoire de Marseille, membre de l'Académie des sciences et de plusieurs autres sociétés savantes, s'est fait un nom justement célèbre parmi les mathématiciens et les physiciens.

POULLE (l'abbé *Louis*), né en 1701 et mort en 1781, fut prédicateur du roi : on le met au nombre des premiers orateurs sacrés de la fin du dernier siècle.

RHODES (*Alexandre* de), jésuite, né en 1591 et mort en Perse vers 1660, fut le premier apôtre du Tong-King et de la Cochinchine : il a laissé plusieurs ouvrages très-intéressants sur les pays qu'il évangélisa pendant plus de quarante ans.

SIFFREDI DE MORNAS (*Charles* de), né en 1615, maréchal de camp des armées du roi, vainquit le prince de Nassau en 1673, fit lever le siège de Suartlis et força les Grisons. Il fut plus tard Gouverneur de Sicile, et mourut à Messine, en 1679.

SUAREZ (*Joseph-Marie* de), né en 1599, évêque de Vaison, fut un savant dans toute l'acception du mot. Il mourut, en 1677, à Rome, où le Pape Clément IX l'avait fait bibliothécaire du Vatican et prélat assistant au trône Pontifical.

TONDUTI DE ST-LÉGIER (*Pierre François*), né en

1583, et mort en 1669, fut un habile astronome et un profond jurisconsulte.

TRIAL (*Jean Claude*), né en 1732, et mort à Paris en 1771, fut long-temps à la tête de l'Académie royale de musique : il avait été d'abord chef-d'orchestre à l'Opéra-comique, puis directeur de la musique du prince de Conti. Son frère, né comme lui à Avignon, devint un acteur célèbre, et a laissé son nom au rôle dans lequel son talent se distinguait plus spécialement.

VERNET (*Claude-Joseph*), le fameux peintre des marines, naquit à Avignon, le 14 août 1714 et mourut à Paris, le 3 décembre 1789.

CHAPITRE SECOND

MONUMENTS CIVILS ET RELIGIEUX DE LA VILLE D'AVIGNON.

I

Coup d'œil général sur la cité.

Avignon est de forme à peu près ovale : de hautes murailles, élevées par les Papes au xive siècle l'entourent d'une ceinture de pierre qui n'a pas moins de 4,880 mètres de circuit. Ses remparts s'appuient à leur naissance et à leur extrémité sur un rocher énorme qui sert lui-même de fortification du côté du Nord. La partie orientale de la ville est située dans la plaine : c'est la plus considérable; la partie méridionale repose sur une pente peu sensible; et la partie occidentale, qui est presque entièrement bâtie en amphithéâtre sur les flancs du rocher, offre au contraire sur plusieurs points une pente des plus rapides.

En dépit des révolutions et des progrès de la civilisation moderne, Avignon a gardé et gardera longtemps encore cette physionomie vraiment originale qui en fait une ville à part et qui charme et séduit le voyageur.

« Le moyen-âge, dit l'auteur du *Tableau d'Avignon*,

l'entoure, le saisit, l'enveloppe. Des rues étroites et tortueuses (1), formant un labyrinthe inextricable, des hôtels ou plutôt des palais à côté de chétives masures dont un rideau de pampres masque la façade lézardée; des massifs de verdure qui s'échappent du milieu des édifices; les branches élevées des peupliers balancées par le vent et se mariant avec les flèches immobiles des clochers gothiques.....; partout des dômes, des terrasses, des porches, des tourelles qui, ainsi que les madones nichées à chaque angle de rue, attestent la longue domination du Saint-Siège et la résidence de plusieurs Papes à Avignon. Ici, une maison avec ses étages en auvent; là, une usine où se déploient toutes les ressources de l'industrie moderne; plus loin, de vastes prairies coupées par des ruisseaux d'eau vive, des canaux alimentés par la fontaine de Vaucluse, faisant mouvoir les *guindres* et les *tavelles* de prosaïques *moulins à soie ;* des jardins entourés d'une haie d'aubépine assez grands pour y bâtir une ville et y loger dix mille habitants; l'aspect et les travaux des champs au sein de la cité; des faneurs s'appuyant sur leurs râteaux à vingt pas d'un atelier où l'on tisse ces *florences* recherchés sur tous les marchés du commerce européen et même en Amérique; des places plantées de grands arbres comme les *Squares* de Londres, etc, etc. (2). »

Cependant il faut convenir que les diverses administrations municipales, qui se sont succédé dans Avignon depuis un demi siècle, se sont toutes sérieu-

---

(1) Il y a dans Avignon, 224 rues, 20 places, et 9 boulevards ou quais.
(2) Alphonse Rastoul. *Tableau d'Avignon.*

sement occupées de mettre cette ville en rapport avec les besoins de notre époque et au niveau des autres cités. C'est à leur sollicitude éclairée que l'on doit la création de nouveaux quartiers, la construction de nouveaux édifices et l'ouverture de nouvelles promenades. En ce moment on remplace par des cailloux taillés l'affreux pavé dont l'incommodité était presque devenue proverbiale; l'établissement de fontaines publiques a été décidé; un plan général d'alignement a été adopté et approuvé par l'autorité supérieure; et, déjà, une vaste rue, se dirigeant en ligne droite de la gare du chemin de fer à la place de l'Horloge, se perce dans des proportions dignes d'une capitale.

La place de l'*Horloge*, est, à proprement parler, le centre du mouvement et des affaires; elle sera notre point de départ. Après avoir jeté un coup d'œil sur les édifices qui la décorent, nous examinerons successivement tous les monuments que renferme la ville d'Avignon, non point d'après l'ordre de leur importance et de leur date, mais d'après celui qui paraît le plus favorable pour épargner aux voyageurs des courses multipliées.

II

Place de l'Horloge. — Hôtel-de-Ville. — Archevêché. Théâtre.

La *Place de l'Horloge*, ainsi nommée du double cadran placé au beffroi de l'Hôtel-de-Ville, forme un parallélogramme de 6,928 mètres carrés. Elle est entourée de belles maisons dont le rez-de-chaussée est généralement occupé par des cafés et des cercles; sous peu, elle sera ornée de fontaines et d'une statue du *Brave Crillon* (1). Ses principaux monuments sont :

1° L'*Hôtel-de-Ville*, vaste construction en style de la renaissance qui a remplacé en 1845 le palais gothique élevé par les cardinaux Colonna au XIVe siècle. La façade de cet édifice est très-riche en ornementations et en moulures; sa principale entrée que surmontent les armoiries de la cité, (*trois clefs d'or sur champ de gueules, avec deux gerfauts pour supports et* Unguibus et rostro *pour devise*), s'ouvre entre huit grandes colonnes corinthiennes en marbre de Crussol. Le vestibule est éclairé par une immense lanterne : son imposante colonnade et ses galeries à double étage lui donnent un aspect vraiment grandiose. Les bureaux de la mairie se font remarquer par l'élégance de leur ameublement : ils se trouvent les uns au rez-de-chaussée, les autres à l'entresol. Les salles du premier étage, hautes et spacieuses, parfaitement éclairées et magnifiquement décorées, sont destinées aux réceptions officielles et aux fêtes publiques. Le beffroi gothique qui domine le monument est tout ce qui reste de l'ancien Hôtel-de-Ville; il date de la dernière moitié du XVe siècle. Sa flèche, ses clochetons et ses galeries font l'admiration de tous les archéologues. Sa cloche, que frappe un Jaquemart en bois, sort des fonderies de M. Burdin aîné de Lyon; elle pèse 4,725 kilogrammes. En 1853, lorsqu'on creusait les fondations de la façade méridionale de l'Hôtel-de-Ville, les ouvriers rencontrèrent les restes de plu-

(1) Cette statue, produit des souscriptions Avignonaises, est due au ciseau de M. Louis Véray (de Barbentane), jeune artiste déjà avantageusement connu à Paris par un bon nombre d'œuvres de mérite.

sieurs monuments romains ; les fragments que les fouilles mirent alors à découvert sont considérables : ils ont été réunis et transportés au Musée-Calvet.

2° Le *Palais Archiépiscopal* fait face à l'Hôtel-Ville ; il appartenait autrefois à la famille de Guyon de Crochans : c'est tout simplement un bel hôtel bourgeois ; et, comme tel, il n'offre rien de bien remarquable. On le dit bâti sur l'emplacement de l'ancien théâtre romain. Dans la grande salle des réceptions, on voit les portraits des souverains Pontifes qui ont siégé à Avignon, avec ceux de Jules II, premier Archevêque d'Avignon, de Sixte IV, son oncle, et du bienheureux Pierre de Luxembourg. Ces toiles ont été copiées à Rome aux frais du gouvernement français, et elles ne sont pas sans mérite.

3° Le *Théâtre*, qui se trouve à côté de l'Hôtel-de-Ville, a été élevé, en 1845, sur les ruines de l'ancienne salle de spectacles qu'un incendie épouvantable venait de réduire en cendres.

« Les voyageurs remarqueront tout d'abord les quatre colonnes du péristyle qui en supportent les arcades et se répètent dans l'avant-corps de l'étage supérieur ; puis les beaux fûts corinthiens encadrant les porte-fenêtres ouvrant sur le balcon, celles du foyer ; enfin les riches lampadaires et la profusion d'ornements de cette page écrite sur les belles pierres de Barbentane, de Crussol et de Fontvieille..... Au dessus de la porte du milieu, un fronton orné de deux enfants couchés et servant de supports aux armes de la ville ; pour couronnement des portes latérales, deux motifs rehaussés de chimères ; aux angles, l'un le médaillon de Pétrarque, l'autre, celui du roi René ; au-dessus du dernier, un enfant ronde-bosse jouant du tambourin et du galoubet, les instruments traditionnels de la Provence; au-dessus de Pétrarque, autre statue d'enfant tenant la *Viole d'Amore;* les trois portes encadrées d'une grande archivolte à deux figures de femme, bas-relief représentant, l'un, Vaucluse à demi étendue sur un lit de rochers où sont gravés les noms de Pétrarque et de Laure; l'autre, la fougueuse Durance coulant dans les roseaux et les lauriers-roses et tenant la viole gothique dont s'accompagnaient les Trouvères. Le tympan enfin est richement ornementé d'attributs d'art et de théâtre du milieu desquels s'élève un buste colossal d'Apollon. Au sommet et à l'aplomb des deux grandes colonnes du premier étage sont deux groupes de deux enfants agenouillés et supportant les masques comique et tragique.

« Voilà pour le dehors et la face la plus monumentale de l'édifice. Quant à l'intérieur, toutes proportions gardées, il ne le cède point au reste, en ce qu'il réunit toutes les conditions de commodité, de bon goût, de facile dégagement et de richesse harmonieuse qui doivent frapper l'œil et reposer le corps dans une salle de spectacles. Cet intérieur possède trois rangs de galerie dont les deux premiers supportés par des colonnes sont surmontés de grandes cariatides qui servent à étayer le troisième rang. Les ornements des premières sont des enfants en ronde-bosse ou *Amours d'Opéra* tenant des instruments de musique. Au rez de chaussée des premières avant-scènes, d'autres enfants d'une grande proportion portent dans leurs bras des bouquets incandescents de lumière. L'ouverture de la scène est fermée par un cadre de puissantes moulures en stuc rehaussées d'ornements dorés et couronnées d'un dernier groupe en ronde-bosse. Tous les dégagements, les escaliers, les portes, les couloirs sont bien distribués et de la meilleure ordonnance. » (*Mémorial de Vaucluse.* — 14 janvier 1855.)

MM. Léon Feuchère, Klagmann (de Paris), Chenillon (de Nimes), de Briès, Séchan, Diéterle et Desplechin (de Paris) ont eu chacun une large part à la décoration et l'ornementation de cette gracieuse salle de spectacles, dont la construction avait été confiée par la ville à M. Charpentier, architecte de l'Opéra-comique et du Théâtre Italien. La statue de Molière et celle de Corneille qui ornent le prostyle sont des frères Brian, habiles sculpteurs avignonais établis à Paris.

La direction du théâtre d'Avignon est privilégiée. Pendant huit mois de l'année, on joue sur sa scène l'opéra, la comédie, le drame, le vaudeville, la pantomime et le ballet. L'orchestre est très-estimé; il est composé entièrement des artistes et des professeurs de la localité.

La *Caserne de Gendarmerie*, où logent deux brigades à cheval et une à pied, se trouve derrière l'Hôtel-de-ville; elle occupe avec le Théâtre une grande portion de l'emplacement de l'antique abbaye des religieuses nobles de St-Laurent qui avait été fondée, en 918, par un comte d'Avignon, nommé Amélius.

III

Place du Palais. — Banque de France. — Hôtel des Monnaies. — Petit Séminaire.

La rue du *Puits-des-Bœufs* met la place de l'Horloge en communication directe avec la place du Palais. Cette place doit son nom à l'ancien Palais des Papes qui la domine de ses tours grandioses et de ses gigantesques ogives. Elle a 11,557 mètres carrés de superficie et présente, comme la place de l'Horloge, un vaste parallélogramme.

Un de ses côtés, celui du Midi, est formé par la succursale de la *Banque de France*, (ancien hôtel La Palun) décorée de pilastres et de balustres ioniques.

A l'Est, se développe la façade florentine de l'*Hôtel des Monnaies*, construite, en 1619, par un architecte italien. Elle est, dit-on, empruntée aux cartons de Michel-Ange. Le rez-de-chaussée, formé de pierres de taille en saillie, percé d'une porte et de quatre fenêtres carrées, se termine par une large frise à méandres et à frettes. Sur le premier étage s'étalent d'énormes guirlandes de fruits suspendues à la bouche de figures fantastiques et supportant chacune un griffon monstrueux. Au second étage, deux génies aux formes colossales soutiennent un écusson, jadis aux armes de Paul V. L'édifice est couronné par deux aigles aux ailes déployées entre deux animaux fabuleux reposant sur une légère balustrade. L'Hôtel des Monnaies n'a jamais été affecté à l'usage auquel il avait été destiné : après avoir servi de caserne d'abord aux chevau-légers du Pape, puis à la gendarmerie départementale, il fut transformé en Mairie, de 1846 à 1852, pendant la reconstruction de l'Hôtel-de-ville dont il est aujourd'hui dépendance.

Le bâtiment, qui forme le fond de la place du Palais et que les vieillards appellent encore le *Petit Palais* ou l'*Archevêché*, est le Petit Séminaire diocésain, demeure des archevêques d'Avignon avant 1789. Construit, en 1314, par le cardinal Jacques de Via, neveu de Jean XXII, il fut agrandi, en 1438, par le cardinal Alain de Coetivy. Sa façade, qui fut élevée en 1477 par le cardinal Julien de la Rovère, plus tard Jules II, était dans le principe ornée de créneaux et flanquée de deux tours d'angles dont on peut apercevoir les arrachements; ses fenêtres, jadis garnies de meneaux en forme de croix richement moulurés, sont enveloppées par un larmier qui se surhausse entr'elles pour recevoir des écussons. Le rez-de-chaussée n'est percé que de quelques petites ouvertures élevées de 4 à 5 mètres au dessus du sol. La porte a été malheureusement remplacée par une porte moderne. A l'intérieur, tout rappelle encore le souvenir des anciens archevêques, et leurs armoiries qui se rencontrent à chaque clef de voûte, et la double galerie superposée qui règne autour de la cour d'honneur, et la chapelle qui déploie en gracieux arceaux ses nervures gothiques, et la grande salle des réceptions qui sert de réfectoire, et la magnifique terrasse qui domine les rives du Rhône, l'île de la Barthelasse et les côteaux de Villeneuve. La tour, que l'on voit s'élever au milieu de l'édifice, a conservé ses gargouilles et ses créneaux. A l'ouest, une autre tour carrée renferme creusé dans le roc vif à une profondeur considérable un puits dont l'eau est réputée la meilleure de la ville.

Fondé, dès le premier siècle de l'ère chrétienne, par St-Ruf, disciple et compagnon de l'apôtre St-Paul, le siège d'Avignon compte jusqu'en 1474, cent-deux évêques dont les noms sont connus. En 1475, il fut distrait de la province ecclésiastique d'Arles et érigé en Métropole par le pape Sixte IV; il a eu depuis cette époque jusqu'à nos jours 29 archevêques. Les plus célèbres des 131 prélats qui ont gouverné l'Église d'Avignon sont: Jacques d'Ossa (plus tard pape sous le nom de Jean XXII); Alain de Coetivy, légat du St-Siége en France sous le règne de Charles VII; Julien de la Rovère (Jules II); les cardinaux Alexandre Farnèse, Hippolyte de Médicis, François Taurugi et Georges d'Armagnac; le docte Dominique de Marinis, et François-Maurice de Gonteriis, l'ami de l'immortel Belzunce et l'imitateur de son héroïque dévouement pendant la peste de 1721.

L'archevêque actuel est Mgr. Debelay (Jean-Marie-Mathias), comte romain, prélat assistant au trône pontifical, officier de la Légion d'honneur, commandeur-grand-officier de l'ordre religieux et militaire des Saints Maurice et Lazare, né à Viriat (Ain), le 24 février 1800, sacré évêque de Troyes, le 11 mars 1844, et transféré à l'archevêché d'Avignon, le 11 décembre 1848.

IV

Palais des Papes.

Il faudrait un volume entier pour faire la description du *Palais des Papes*, immense labyrinthe de tours, de salles, de couloirs et d'escaliers. C'est, dans son genre, suivant tous les archéologues, le monument le plus vaste et le plus complet qui nous soit resté du moyen-âge. « On est frappé, dit M. Mérimée, de l'irrégularité choquante de toutes ses parties, irrégularité qui n'est motivée ni par la disposition du terrain, ni par les avantages matériels. Ainsi les tours ne sont pas carrées, les fenêtres n'observent aucun alignement, on ne rencontre pas un seul angle droit, et la communication d'un corps de logis à un autre n'a lieu qu'au moyen de circuits sans nombre. (1) » La cause de ce manque de régularité n'est autre que la manière dont fut élevé ce colossal édifice : pendant trente-quatre ans, de 1336 à 1370, on travailla à sa construction, et des quatre Papes qui y concoururent chacun avait un plan différent.

Clément V, le premier des Papes qui vint à Avignon, habita le couvent des Dominicains. Jean XXII, son successeur occupa le palais épiscopal situé alors au midi de N.-D. des Doms. Mais ne le trouvant pas assez vaste, il y joignit l'église de St-Etienne. Benoît XII, en 1336, démolit tout ce que son prédécesseur avait construit, et, d'après les plans de l'architecte Pierre Obreri, il fit bâtir la partie septentrionale du Palais Apostolique qui sert actuellement de prison, et la termina par la tour de Trouillas.

Clément VI fit construire la façade ou partie occidentale avec la grande chapelle basse.

Innocent VI éleva la grande chapelle haute et la partie méridionale.

Urbain V fit creuser dans le roc la cour d'honneur, créa de magnifiques jardins et acheva le monument. Il ajouta une septième tour, celle des *Anges*. Les autres tours que ses prédécesseurs avaient déjà élevées, étaient au nombre de six: on les appelait *Trouillas*, *St-Jean*, l'*Estrapade*, *St-Laurent*, la *Campane* et la *Gache*.

L'antipape Clément VII (Robert de Genève) habita le Palais, ainsi que Benoît XIII (Pierre de Luna), son successeur, qui y fut assiégé, le 8 septembre 1398, par le maréchal de Boucicaut. Ce siège fut plus tard converti

---

(1) Prosper Mérimée. *Notes d'un voyage dans le midi de la France.*

en blocus, jusqu'au mois de mars 1403, lorsque l'antipape parvint à s'échapper sous un déguisement. Benoit XIII ne revint plus au palais ; mais sa cour et Roderic de Luna, son neveu, continuèrent à l'occuper tranquillement. Vers la fin de 1409 cependant, il fut de nouveau bloqué par le Légat du pape et les Avignonais: Roderic s'y défendit en désespéré, et ce ne fut qu'au mois de novembre 1411 qu'il demanda à capituler.

Après le concile de Constance, le Palais devint la résidence des Légats (1). L'un d'eux, Julien de la Rovère décora la porte principale en 1472 ; en 1513, le cardinal de Clermont, construisit le corps de logis du Sud-Est, dit la *Mirande*, et la galerie couverte qui le fait communiquer avec les tours donnant sur les jardins; en 1565, le cardinal d'Armagnac fit faire des embellissements considérables; en 1664, le vice-légat Alexandre Colonna abattit la tour des Anges et se servit de ses matériaux pour élever à l'entrée des fortifications et un pont-levis.

Le Palais occupe à lui seul une superficie de 15,165 mètres carrés : il se compose de sept vastes corps de logis séparés par des préaux et reliés ensemble par sept énormes tours: le roc lui sert de fondement et de base.

Le corps de logis du midi, flanqué à son extrémité de la haute tour St-Laurent, était occupé par les chapelles

---

(1) Il y a eu à Avignon vingt-six Légats, tous revêtus de la pourpre romaine : on remarque parmi eux Philippe de Cabassole en 1367, Pierre de Foix en 1433, Charles de Bourbon en 1470, Julien de la Rovère en 1476, Georges d'Amboise en 1505, Alexandre Farnèse en 1514, Louis Ludovisi en 1621.

Aux Légats succédèrent les Vice-Légats : on en compte soixante-dix; le plus célèbre d'entr'eux est sans contredit Jules Mazarin, qui fut plus tard ministre de Louis XIII et de Louis XIV.

pontificales. La chapelle inférieure est formée de deux nefs coupées par des piliers de 2 mètres de diamètre. Elle était autrefois couverte de fresques admirables, dont il ne reste plus aujourd'hui que deux voussures de l'abside qui représentent les prophètes de la Bible et la Sibylle prédisant la venue de Jésus-Christ. « Ces peintures, dit M. Mérimée, sont parfaitement conservées. Les draperies sont d'une grande richesse, et l'artiste paraît avoir voulu imiter les étoffes brochées d'or et de soie qu'on tirait alors d'Orient. Les têtes belles et nobles expriment ce calme religieux si convenable à des personnages bibliques. » On a longtemps disputé, et l'on disputera longtemps encore pour savoir à quel pinceau l'on doit attribuer ces fresques. Les uns ont mis en avant le nom de Giotto, les autres celui du Giottino; d'autres ont nommé Simon Memmi, quelques-uns Spinello d'Arezzo et Orgagna. La chapelle supérieure est partagée en 7 immenses travées; elle a 65 mètres 50 centimètres de longueur. Sa voûte, une des plus grandes voûtes gothiques qui existent, n'a pas moins de 15 mètres 60 centimètres d'étendue. Elle était, comme la chapelle inférieure, couverte de peintures, qui malheureusement ont entièrement disparu sous le badigeon. Maintenant ces deux chapelles sont coupées par de lourds planchers : celle d'en bas forme deux étages, et on en a fait trois de celle d'en haut.

Un escalier large de 3 mètres 50 centimètres les met toutes deux en communication : il se relie à la partie occidentale par une galerie délicieuse de perspective, voûtée de 20 travées. Cette partie donne sur la place : sa façade simple et irrégulière est percée de grandes ouvertures ogivales, jadis garnies de lobes et de meneaux ; au milieu règne un balcon d'où partaient deux tourelles gothiques dont l'amortissement pyramidal hérissé de crochets portait le pennon papal à plusieurs mètres au dessus des créneaux. La porte s'ouvre sous un sombre vestibule fermé aux deux extrémités de lourdes portes de chêne bardées de fer, fortifiées par d'épaisses sarrazines et défendues par de vastes machicoulis : une barbacane assez simple en protège l'accès. L'arsenal, ou salle d'armes, s'éclaire sur la façade : c'est une pièce de 10 mètres de largeur sur 12 de longueur ; sa voûte est couverte de grisailles, et ses murs ont plus de 3 mètres d'épaisseur.

La partie centrale de l'édifice, qui sépare au nord le Palais proprement dit des Prisons, n'offre rien de remarquable. Il en est de même du corps de logis oriental qui comprenait les appartements du pape et qui a été presque entièrement refait à la moderne. Une partie cependant de ce dernier corps de logis mérite quelque attention ; c'est celle qui se trouve derrière les prisons. Il n'y a pas longtemps encore, les concierges du Palais et les *cicerone* se plaisaient à raconter sur elle les plus fantastiques histoires que l'imagination des romanciers, des feuilletonistes et des écrivains d'impressions de voyage saisissait avec empressement pour les débiter ensuite à leurs trop crédules lecteurs revues, annotées et surtout considérablement augmentées. Là où l'on voulait voir à toute force les sombres cachots, les salles de tortures et les basses fosses de l'Inquisition, se trouvaient tout simplement, avant 1789, les salles de réception et les cuisines du Palais ; c'est ce qu'a prouvé péremptoirement l'inspection détaillée que fit de ces lieux le congrès archéologique de France réuni en session à

Avignon, le 5 septembre 1855. La cheminée pyramidale, dont le vaste manteau semblait, dit-on, retentir encore des cris et des gémissements des suppliciés, n'était que la cheminée de la cuisine. La fameuse salle des festins, dite *salle brûlée* parce qu'elle aurait été incendiée par un pape pour venger la mort de son neveu, fut réellement, le 7 mai 1413, la proie d'un incendie fortuit qui se déclara à cinq heures du matin dans les cuisines avec lesquelles elle communiquait directement. Le four qui servait à porter au rouge les instruments de la barbarie inquisitoriale, était de date bien récente; car, en 1856, vivait encore à Avignon celui qui l'avait fait construire pour l'usage du pâtissier de l'avant-dernier Vice-légat.

Contre la salle brûlée dont nous venons de parler, s'appuie la tour St-Jean. Elle offre, à deux de ses étages, de ravissantes peintures dues, peut-être, à deux pinceaux différents. Dans la chapelle basse la vie de St.-Jean-Baptiste, et dans la chapelle haute celle de St.-Martial, évêque de Limoges, en font le sujet. Ces fresques sont magnifiques de dessin et de coloris. « Quelques têtes, dit M. Mérimée, par leur noblesse et leur grâce exquise, approchent de bien près de la manière de Raphaël. » Les crédences et le crucifix qui paraît au rétable ne permettent pas de douter que ces chapelles n'aient été des oratoires privés. Entre cette tour et celle de Trouillas se trouvait la glacière du Palais dans laquelle furent précipitées d'une hauteur considérable soixante-une malheureuses victimes de la fureur révolutionnaire, dans la nuit du 16 au 17 octobre 1791. Celui qui écrit ces lignes se souvient encore d'avoir vu, en 1844, sur les parois intérieures de la Glacière les traces du sang de ces infortunés.

La tour de Trouillas, qui termine le Palais du côté nord, a perdu son couronnement de machicoulis et son étage supérieur qui s'élevait encore au dessus. Dans l'épaisseur de ses murs se trouve un escalier qui mène jusqu'à son faîte. Elle servait de prison d'état, et Nicolas Gabrino, dit Rienzi, y passa, à ce que l'on assure, le temps de sa détention à Avignon. A l'entrée de la tour de Trouillas s'ouvre le souterrain que la tradition populaire suppose se diriger sous le Rhône jusqu'à Villeneuve-les-Avignon, et qui, par suite des éboulements de sa voûte, s'arrête à présent à une centaine de mètres environ de son ouverture.

De la tour de Trouillas partait autrefois dans la direction de l'Ouest un long bâtiment qui venait se rattacher aux prisons : c'était la sacristie et la salle capitulaire de l'église métropolitaine. Il est maintenant démoli, et ses quatre murs enferment le préau des femmes détenues.

Les *Prisons* forment le septième corps de logis, qui est en arrière-plan et fait face au couchant : c'est la partie la moins éclairée du monument ; sa façade ornée d'immenses machicoulis, n'a que quelques étroites ouvertures géminées, à lancettes portées sur des meneaux à colonnes, et elle se termine au Nord par la vaste tour de la *Campane*.

Au Midi, le Palais touche à la Vice-Gérence par un arc-boutant colossal jeté au dessus de la rue Peirolerie. La Vice-Gérence était la demeure des anciens podestats et des viguiers ; c'est un des plus anciens édifices d'Avignon. Une partie de sa bâtisse s'écroula en 1834, et fut remplacée par les constructions bourgeoises et mesquines que l'on voit aujourd'hui.

Lorsque la révolution française eût réuni Avignon et le Comtat-Venaissin à la France, le Palais des Papes fut affecté au logement des militaires. Il se trouvait alors dans un triste état de dégradation : la partie de l'Est et celle du Nord tombaient en ruines, et on trouvait à peine dans cet immense local des abris suffisants pour y loger une compagnie de vétérans. En 1812 seulement, on songea sérieusement à réparer cet édifice immense, afin de l'approprier à sa nouvelle destination. On y a fait depuis cette époque de grands travaux qui l'ont amené à un état à peu près complet de restauration, sauf la tour de Trouillas et ses dépendances. Cette caserne peut loger un régiment d'infanterie à trois bataillons avec ses magasins et ses nombreux accessoires. On a établi dans ses attenances une manutention des vivres avec fours.

Quant aux *Prisons*, elles n'ont jamais changé de destination. Comme elles ne sont qu'une simple maison d'arrêt, leur population moyenne n'est guère que de 100 personnes. Les sœurs de saint Vincent de Paul y donnent leurs soins aux détenus des deux sexes.

V

Promenade du Rocher. — Eglise Métropolitaine de N. D. des Doms. — Esplanade du Rocher.

1° A l'extrémité orientale de la place du Palais commence la *Promenade du Rocher*. Ses rampes disposées en zigzag sont bordées de pins et arrosées d'eaux jaillissantes; larges et bien entretenues, elles offrent aux voitures et aux équipages une pente douce et un facile accès. A mi-flanc de la colline, vers le midi, se trouve l'*Église Métropolitaine*, que Pie IX érigea, au mois de décembre 1854, en Archibasilique mineure, à cause de son antiquité vénérable et de ses glorieux souvenirs.

2° La tradition de Provence rapporte que la foi chrétienne fut apportée à Avignon, l'an 48 de notre ère, par sainte Marthe de Béthanie que la fureur des Juifs avait chassée de la Palestine et qui aborda à l'embouchure du Rhône avec son frère Lazare, sa sœur Madeleine et quelques-uns des soixante-douze premiers disciples. La sainte ne se contenta pas d'annoncer l'Evangile aux habitants de la cité; elle bâtit encore au milieu d'eux une église en l'honneur de la bienheureuse Vierge Marie. Agrandie par l'empereur Constantin, qui avait uni à son étroite enceinte deux vieux temples païens, cette église fut saccagée, en 731, par les Sarrazins. Quelques années plus tard, Charlemagne la releva de ses ruines, et déploya dans cette nouvelle construction toutes les richesses de l'architecture romano-lombarde.

Ce sanctuaire, appelé *Notre-Dame-des-Doms*, s'ouvre sur un rond-point que décore un magnifique Calvaire érigé à la suite de la mission de 1819. Il est précédé d'un porche à fronton triangulaire, dont la date n'a pu être encore précisée par les archéologues, et qui, dans son ensemble comme dans ses détails, rappelle les plus remarquables productions de l'architecture romaine.

Au dessus de la porte d'entrée, on voit deux belles fresques. Celle qui décore le tympan de la porte représente la Sainte-Vierge ayant l'enfant Jésus assis sur ses genoux; deux anges sont à ses côtés, et l'un d'eux lui présente le donateur agenouillé et revêtu d'une longue robe brune. Au-dessus, sur le second fronton, le Père Eternel, entouré de six anges aux ailes déployées, tient entre ses mains la boule du monde. Ces peintures, admirables d'expression religieuse, sont dues à la libéralité du cardinal Annibal Ceccano, archevêque de Naples ; elles furent faites, de 1327 à 1332, par Simon Memmi de Sienne. Il est à regretter seulement que l'état de dégradation dans lequel elles se trouvent soit plutôt l'œuvre du vandalisme que l'effet des injures du temps.

Après le porche vient le *narthex*, dont la voûte fut refaite en 1431 ; ses parois latérales ont encore des restes de fresques, qui sont moins bien exécutées que les précédentes, et dont le fragment le mieux conservé représente le baptême de J.-C. par St-Jean-Baptiste.

La nef, qui mesure une longueur de 44 mètres environ sur une largeur de 9 mètres, est voûtée en berceau à tiers-point. Les arcs-doubleaux carrés reposent sur des piliers, et leurs redoublements sur des colonnettes variées de formes et de chapiteaux dont le type ne se retrouve nulle part. Tout autour de la nef règne une corniche formée de feuilles d'acanthe entablées. L'abside primitive, devenue trop étroite pour le nombre des chanoines, fut démolie en 1671, et remplacée par celle que l'on voit aujourd'hui.

A la cinquième travée se trouve jeté un dôme octogone qui ne paraît pas aussi ancien que la nef. Il repose sur une série d'arcs-doubleaux qui retrécissent l'espace qu'il doit couvrir. Chacune de ses faces est percée d'une baie dont l'archivolte est supportée par deux colonnettes. Il est entièrement peint à l'intérieur ; ces fresques sont loin de valoir celles dont nous venons de parler : elles furent peintes par un artiste français qui, dit-on, avait été employé par Louis XIV à la décoration des salles du château de Versailles.

De gracieuses tribunes, construites, en 1672, sur les plans d'un frère dominicain aux frais de l'archevêque Libelli, courent tout le long de la nef et environnent les piliers, en se reposant sur de magnifiques culs-de-lampe qui étalent avec profusion tous les ornements de l'architecture du XVIIe siècle.

La nef était autrefois éclairée par de petites fenêtres cintrées qui ont été bouchées au XIVe siècle par la construction des chapelles latérales.

La vaste tour carrée qui s'élève au-dessus du narthex date de l'année 1431; le conseil de ville la fit bâtir sur l'emplacement de l'ancien clocher roman qui s'était écroulé en 1405. Destinée à la sonnerie de l'Eglise, elle renferme, outre un superbe bourdon, huit belles cloches sortant des ateliers de M. Burdin aîné de Lyon.

Mais c'est surtout dans ses détails qu'il faut étudier l'église de Notre-Dame-des-Doms : elle est remplie d'objets précieux et de véritables richesses au point de vue de l'art.

Ainsi, le voyageur ne verra pas sans intérêt l'antique Chaire des Papes qui sert de siège aux Archevêques d'Avignon, remarquable morceau d'architecture bysantine; les deux Autels du moyen-âge qui décoraient jadis l'abside et que l'on trouva enfermés l'un dans l'autre; le Mausolée du pape Jean XXII, échantillon délicieux de l'architecture du XIVe siècle, qui, malgré plusieurs déplacements, a conservé presque intacts ses mille clochetons et ses innombrables colonnettes; celui de Benoît XII, refait en 1765; les marbres et les sculptures qui décorent les tombeaux (1) des archevêques Grimaldi et Mari-

(1) L'église de N.-D.-des-Doms renferme d'autres sépultures : on voit,

nis; les fonts baptismaux de 1506 qui se trouvent sous le narthex de l'église; les fresques et les toiles de Déveria qui ornent la chapelle du Saint-Sacrement ; la belle et riche rotonde, construite, en 1682, par Monseigneur Libelli, avec ses *Apôtres* de Puget et sa *Vierge* de Pradier; le trésor de l'Eglise avec sa Flagellation en argent massif dont le Christ est encore de Puget , sa Bourse du pape Innocent VI, son Christ d'ivoire qui appartint au fameux Mignard le *Romain* , etc., etc. Quant aux tableaux, ils sont presque tous de maîtres : ainsi il y a de Reynaud Levieux , une *Présentation de J.-C. au Temple* ; — de Pierre Mignard le Romain , *Saint Ruf, premier évêque d'Avignon* , dans la sacristie , — la *Résurrection de J.-C. et St-Bruno*; — de Simon de Châlons, *Jésus montant au Calvaire chargé de sa croix* ; — de Nicolas Mignard, la *Visitation*, — l'*Annonciation*, — l'*Assomption de la Ste-Vierge* — et la *Présentation au temple.*

Il existait, avant 1799, derrière l'église métropolitaine , un beau cloître roman qui ne le cédait en rien à ceux de St-Trophime et de Montmajour d'Arles : les 52 arceaux de son pourtour étaient soutenus par des colonnes de marbre noir aux chapiteaux historiés. Son emplacement sert aujourd'hui de cour de récréation aux enfants de chœur de la maîtrise dont les bâtiments viennent se rattacher au côté gauche de l'église.

Notre-Dame-des-Doms n'est point paroisse: elle est l'église du Chapitre, et en même temps un lieu de pélerinage pour les personnes pieuses de la ville. Ses cha-

entr'autres, à côté du siège pontifical l'épitaphe du brave Crillon dont les restes reposent avec ceux des membres de sa noble famille dans une crypte creusée à l'entrée du sanctuaire , au bas des degrés du maître-autel.

noines, en vertu d'un privilège qui leur fut octroyé, en 1672, par Clément X, revêtent au chœur la *cappa magna* cardinalice, ample manteau de laine écarlate, bordé de moire en été, et d'hermine en hiver. Pie IX leur a accordé en outre, pour décoration particulière, une croix pectorale suspendue par un ruban blanc et bleu, et portant d'un côté l'image de la Ste-Vierge et de l'autre sa propre effigie.

3° De l'Église Métropolitaine on monte au sommet du rocher transformé en une esplanade de 7,144 mèt. carrés. (1) Là, se déroule aux regards un point de vue magnifique. Les côteaux du Languedoc, la chaîne provençale des Alpines, le Luberon, les collines de Vaucluse, le Mont-Ventoux, les Alpes Dauphinoises encadrent le paysage de leurs crêtes dentelées. Au Nord et à l'Ouest, c'est le Rhône, qui dans son cours sinueux semble *s'éloigner à regret* des îles qu'il enlace et des campagnes qu'il féconde. Au Midi, la Durance roule ses flots capricieux au milieu des prairies et des jardins. A l'Est, des villes et des hameaux détachent leurs blanches constructions des nappes de verdure qui les entourent. Ajoutez à cela le ciel de la Provence et le soleil du Midi, et vous avez un panorama qui vous fera oublier peut-être la ravissante Baie de Naples et la fameuse *Corne d'or* de Constantinople.

L'*Esplanade du Rocher* se termine au Nord par un rond-point, au centre duquel s'élève sur un socle en marbre de Crussol, la statue en bronze de Jean Althen (2).

---

(1) Le sommet du Rocher des Doms est à 46 mètres au-dessus du niveau de la mer, et la ville d'Avignon à 27 seulement.

(2) Jean Althen était né en Perse vers 1709 : forcé de s'expatrier à la suite des troubles politiques qui désolèrent sa patrie, il se réfugia

Jean Althen introduisit dans le Comtat-Venaissin la culture de la garance, cette précieuse rubiacée qui fait la richesse du département de Vaucluse.

A l'Est de l'*Esplanade*, de nouvelles rampes et de nouveaux bosquets s'étagent en riantes terrasses au-dessus du port du Rhône. Au milieu des genêts et des lauriers-roses apparaissent çà et là, sous des guirlandes de lierre, les aspérités arides du roc: ici, creusé en bassin naturel, il laisse échapper avec ses eaux abondantes la fraîcheur et la fertilité sur toute l'étendue de la promenade; là, il s'élève en piédestal sous une élégante colonne qui supporte une croix dorée; plus loin, il se taille en degrés pour abréger la longueur des allées et tromper leurs mille détours. C'est de ce côté que descendent deux escaliers: l'un va rejoindre les bords du Rhône; l'autre, qui porte le nom de Ste-Anne en souvenir de l'antique chapelle qui le commandait, ramène le voyageur dans l'intérieur de la ville.

VI

Chapelle des Pénitents noirs. — Ancienne Eglise des Carmes.

1° Au bas de l'escalier de Ste-Anne se trouve l'*Asile public d'aliénés*, construit en 1726, par les soins du vice-légat Rainier des comtes d'Elci, qui en confia la direction aux *Pénitents noirs de la Miséricorde* (1). Cet établis-

---

en France. En 1756, il vint à Avignon, et il est mort à deux lieues de cette ville, au village de Caumont, le 17 novembre 1774.

(1) La confrérie des Pénitents noirs de la Miséricorde fut fondée à Avignon, en 1586, par Pompée Catilina, colonel de la garnison italienne, sous le nom de *St.-Jean décollé*, pour avoir soin des prisonniers, ex-

sement n'a rien de commun aujourd'hui avec la charitable confrérie, excepté toutefois son admirable chapelle, dont la façade est ornée d'un magnifique bas-relief, *la tête de St-Jean-Baptiste dans un bassin porté par des anges.* Ce petit sanctuaire est une copie fidèle, une reproduction exacte de ces gracieux oratoires que l'on rencontre à chaque pas dans les villes d'Italie : on voit bien qu'en 1727, lorsqu'ils l'élevaient, les Pénitents de la Miséricorde se souvenaient encore de leur origine florentine. Là, toutes les décorations de la Renaissance italienne semblent s'être donné rendez-vous : plafonds dorés, marbres précieux, objets d'art, tableaux de prix, rien n'y manque ; c'est un véritable musée. Au dessus de l'autel principal, une belle toile de Nicolas Mignard, *Jésus-Christ sur la Croix*, rappelle par ses sombres couleurs la touche du Carrache. A droite et à gauche dans la nef, d'autres peintures non moins remarquables se détachent des boiseries qui les encadrent : on dirait que l'Ecole Avignonaise a voulu offrir dans ce sanctuaire comme un échantillon de ses chefs-d'œuvre et faire ainsi connaître aux étrangers le pinceau de ses maîtres. Reynaud Levieux y est représenté par *St-Jean dans le désert* et le *Baptême de J.-C.* ; — Nicolas Mignard, par une *Ascension*, une *Madeleine*, une *Présentation*, *La tête de saint Jean-Baptiste dans un bassin*, *saint Roch et saint Sébastien* ; — Pierre Parrocel, par une *Assomption*, *Saint Antoine de Padoue ressuscitant un enfant*, *Saint Antoine de Padoue annonçant la parole de Dieu* ; — Pierre Raspay, par *Saint Jean en prison, l'Apparition*

horter les condamnés à mort et ensevelir les suppliciés. En 1609, elle fut affiliée à l'archiconfraternité de St. Jean décollé de la ville de Rome appelée la *Miséricorde de la nation Florentine.*

de l'ange à Zacharie ; et Courtois, par l'*Apothéose de saint Jean-Baptiste*, qui forme au milieu de camayeux dorés le principal médaillon du plafond (1).

Le vestibule est aussi riche que la nef : ses deux autels, ses panneaux, ses pilastres sont composés de marbres rares et variés ; et son plafond est orné de superbes camayeux bleus. On y voit un magnifique *St-Sébastien* attribué à Orazio Riminaldi ; un *St-Guillaume d'Aquitaine mourant*, et une *Sainte Famille* de Nicolas Mignard, et une *Sainte Trinité* de Raspay.

Mais ce qui fait le plus bel ornement de cette élégante chapelle, c'est sans contredit son *Crucifix*. Formé d'une seule pièce d'ivoire de 26 pouces de hauteur, il ravit d'admiration Canova lui-même : après l'avoir longtemps contemplé dans une sorte d'extase, l'immortel sculpteur du tombeau de Clément XIII, s'écria transporté d'enthousiasme : *Conservez-le avec soin; on ne vous en ferait plus un pareil.* « Vérité anatomique, dit l'auteur du *Tableau d'Avignon*, sublimité de la pose, perfection des détails jusqu'à l'apparence de la circulation du sang, tout est là.... Et que dire de cette figure si belle, si vraie qui présente deux aspects, sans que l'ensemble de la physionomie soit détruit? Du côté droit, les traits souffrent, la pupille de l'œil est fortement contractée; une ride profonde empreinte au dessus du sourcil, trahit la nature de l'homme.... Regardez la partie gauche de la face : plus de douleur, rien de terrestre; le Dieu se révèle, il s'élance vers le ciel, et vous reconnaissez celui

(1) Il y a encore dans cette chapelle plusieurs autres toiles qui malheureusement ne portent aucune signature, telles sont la *Dévotion au Sacré Cœur de Jésus*, l'*Ecce Homo*, la *Trahison de Judas*, *Hérodiade portant la tête de St.-Jean* d'après Rubens, etc.

dont le dernier soupir deviendra le salut du monde. »

Ce chef-d'œuvre est signé *J. Guillermin*; il porte le millésime de 1659. On a prétendu qu'il était l'ouvrage d'un condamné à mort. On a assuré ensuite que J. Guillermin l'avait donné aux Pénitents pour sauver du dernier supplice un de ses neveux (1). Jean-Baptiste Guillermin était né à Lyon, en 1645: après avoir parcouru une partie de la France et de l'Allemagne, il arriva à Avignon, vers 1659, et s'arrêta dans cette ville chez M. Jean Manne, chirurgien. Ce dernier, voulant mettre à profit le talent de son hôte, lui livra une superbe dent d'éléphant qu'il possédait pour en faire un Christ: Guillermin s'exécuta de bonne grâce et paya par cette œuvre inimitable quelques mois d'hospitalité. M. Louis François Manne le fils donna ce Christ à la confrérie des Pénitents de la Miséricorde, dont il était le recteur et le bienfaiteur insigne.

Les bâtiments destinés aux aliénés sont vastes et d'une construction élégante. Mais ils vont changer de destination; car les infortunés qui y sont traités seront bientôt transférés à Mont-de-Vergues. Il existe déjà sur cette petite colline de la banlieue d'Avignon, dans un site riant et très-salubre, une succursale de l'Asile: les malades des deux sexes y sont envoyés en convalescence. Le département de Vaucluse y fait faire en ce moment de grands travaux, dont le devis ne s'élève pas à moins de six cent mille francs et qui feront de Mont-de-

---

(1) Le dévouement sans bornes que les Pénitents noirs de la Miséricorde apportèrent au soulagement des prisonniers leur valut les faveurs du St-Siège : Clément VIII et Paul V leur accordèrent, entr'autres privilèges, le droit de délivrer chaque année un criminel condamné à mort.

Vergues un établissement des plus beaux et des plus complets. Vingt-une religieuses de St-Charles veillent nuit et jour sur les aliénés dans les deux maisons et prodiguent à ces malheureux les soins du plus entier dévouement et de la charité la plus tendre.

2° Tout près de l'Asile public des aliénés on rencontre le Bureau de Bienfaisance et le couvent des Dames du Sacré Cœur (1). Ces deux établissements, qui ont remplacé, le premier l'hôtel des ducs de Blacas d'Aups, et le second le monastère des Carmes déchaussés, n'ont rien qui puisse fixer l'attention du voyageur. L'ancienne *Eglise des Grands Carmes*, aujourd'hui paroisse St-Symphorien, lui offrira en revanche quelques belles toiles : il y verra entr'autres de Nicolas Mignard *la sainte Vierge donnant le scapulaire à saint Simon Stock* (dans l'abside, à gauche), l'*Annonciation de la Ste-Vierge d'après Lanfranc* (dans l'abside, à droite), *St-Eloi de Noyon, patron des orfèvres* (chapelle de la Croix), *une Sainte Famille* (dans la chapelle qui précède la sacristie), *St-André portant sa croix* (chapelle de la Portioncule); — de Philippe Sauvan, *un St-Symphorien* (au fond de l'abside); — de Guillermis d'Avignon, l'*Adoration des Mages* (au fond de l'abside); — du Parrocel-des-batailles, élève du Bourguignon, *le diacre Philippe et l'eunuque de la reine de Candace* (au dessus de la tribune.) Il remarquera en outre dans la chapelle de St-Antoine de Padoue, l'*Enfant Jésus servi par les anges*, et *saint Charles Borromée à*

---

(1) La Direction du télégraphe électrique est établie dans l'ancien Hôtel de Forbin-Janson, à côté du Bureau de Bienfaisance.

On voit dans les appartements du directeur plusieurs plafonds ornés de magnifiques peintures mythologiques dues au pinceau du fameux Mignard.

genoux aux pieds du Pape; dans la chapelle de St-François Xavier, le *portrait de ce Saint,* et dans celle qui précède la sacristie, *la Madeleine et le Jardinier :* ces tableaux ne portent point de signature.

L'Eglise des Grands Carmes fut bâtie, à la fin du XVe siècle, sur l'emplacement d'une antique chapelle des Chevaliers du Temple. Sa nef est la plus spacieuse de la ville; elle a 66 mètres de long sur 14 de large. Sa voûte, qui s'écroula pour la seconde fois en 1762, a été refaite en 1836; c'est ce qui explique comment son architecture classique se trouve en contradiction avec le style ogival des chapelles latérales et de l'abside.

VII

Façade du Couvent des Carmes. --- Clocher des Augustins. --- La Belle-Croix. --- Hôtel-Dieu. --- Grands jardins. --- Douane. --- Noviciat des frères des écoles chrétiennes. --- Religieuses du Bon-Pasteur.

1º Le couvent des *Grands Carmes* s'ouvrait sur la rue Carretterie. Sa porte d'entrée existe encore: elle est ornée d'un triple voussoir dont les refouillements sont remplis par des guirlandes de feuilles de vigne; le fronton de son accolade, hérissé à l'*extrados* de nombreux bouquets rampants, s'élève au milieu d'une fausse galerie qui étale les formes flamboyantes du XVe siècle.

2º En face se trouvaient les *Grands-Augustins* : leur monastère et leur église ont fait place à des ateliers et à des magasins. Leur clocher seul a échappé à la destruction. C'est une tour carrée, massive, sans ajour et flanquée de machicoulis : elle est surmontée d'une petite cage octogone en encorbellement que termine une pyramide tronquée et couronnée d'une armature en fer.

3° Vers le milieu de la rue, au centre d'un *bivium*, une croix de fer, portée par une sorte d'obélisque, rappelle l'extinction du Grand schisme d'Occident; elle fut érigée, en 1418, par le cardinal Pierre de Foix, pour perpétuer le souvenir de cet évènement à jamais mémorable dans les fastes de l'Eglise.

4° En face, sur la droite, une ruelle conduit à l'*Hôtel-Dieu*. Ce magnifique établissement fut fondé, en 1354, sous le titre de Ste-Marthe, par le chevalier Bernard de Rascas et Marie-Louise de Petragrossa, son épouse. Il est presque isolé du reste de la ville, au milieu de jardins spacieux et dans une position qui réunit toutes les conditions désirables de salubrité. Il renferme des salles vastes et parfaitement aérées (1); ses divers corps de logis sont séparés entr'eux par de grandes cours. Sa façade principale est exposée au midi; elle ne compte pas moins de 175 mètres de longueur et présente une belle suite de fenêtres. Elle fut achevée en 1747 : Pierre Mignard la construisit, dit-on, d'après les plans du célèbre Mansard.

L'*Hôtel-Dieu* sert à la fois d'hospice civil et d'hôpital militaire. Depuis 1671, les religieuses hospitalières cloîtrées de St-Joseph de la Flèche y donnent aux malades, le jour comme la nuit, les soins les plus dévoués et les plus intelligents (2); elles sont chargées de la pharmacie,

(1) Dans une de ces salles, celle du bureau d'administration, on voit une belle toile qui n'est pas signée : elle représente *le Sauveur tenant dans ses mains la boule du monde.*

(2) Les religieuses hospitalières de St-Joseph furent forcées par la révolution française d'abandonner l'hôpital d'Avignon : elles y furent

de la lingerie et de la cuisine. Le couvent de ces dames est bâti au levant des salles de l'Hôpital. Leur élégante et gracieuse chapelle, qui date de 1755, possède un beau tableau de Nicolas Mignard, l'*Agonie de saint Joseph*.

5° Au midi de l'Hôpital s'étendent de magnifiques prairies que l'on appelle les *Grands Jardins*: elles occupent un espace de 9 hectares environ, et elles offrent l'aspect de la plus riante campagne dans le sein même de la ville. C'est à l'entrée de ces jardins, dans une ancienne fabrique de garance, qu'est établi l'*Entrepôt réel des Douanes* d'Avignon.

6° Non loin de là, on voit encore, dans la *rue de l'Hôpital*, le noviciat des *Frères des écoles chrétiennes*, qui était autrefois le monastère des *Augustins réformés*.

7° Dans la *rue Puy*, le couvent des *Dames du Bon-Pasteur* d'Angers est ouvert à toutes sortes de bonnes œuvres: il renferme un pensionnat, un orphelinat, une école pour les sourdes-muettes, et un refuge pour le repentir.

VIII

Couvent de la Conception. — Congrégation des hommes. — Monastère du Saint-Sacrement. — Eglise des Pénitents Gris.

1° La rue de l'Hôpital prend naissance à l'extrémité de

réintégrées en 1804. En 1843, elles furent de nouveau obligées de quitter le chevet des malades et de s'exiler pendant près de cinq ans des lieux témoins de leur dévouement de chaque jour ; elles y ont été triomphalement reconduites en 1849.

la rue Philonarde, qui porte le nom de Marius Philonardi, archevêque d'Avignon au XVIIe siècle. On rencontre d'abord, dans cette rue, la maison-mère des *Religieuses de l'Immaculée Conception*, (congrégation enseignante qui dirige plus de 20 écoles communales de filles dans le seul département de Vaucluse). Sa chapelle gothique de construction récente; elle étale, sur le tympan de sa porte d'entrée, un délicieux bas-relief de l'*Immaculée Conception*, dû au ciseau de M. Laffitte, modeste ouvrier d'un des ateliers de la ville.

2° Vient ensuite l'Eglise de la *Congrégation des hommes* (1) (style du XVIIIe siècle), qui offre, au dessus de son autel principal, une toile de Nicolas Mignard, le *Couronnement de la sainte Vierge*.

3° A côté même de cette Eglise s'ouvre, sous une gracieuse façade à fronton et à pilastres corinthiens, l'ancienne Eglise des Visitandines, aujourd'hui l'église des *Dominicaines de l'adoration perpétuelle du Saint Sacrement* (congrégation enseignante). Ce sanctuaire, élevé en 1632, aux frais et par les soins de Monseigneur Philonardi, rappelle un peu par son plan et son architecture l'Eglise du Val-de-Grâce de Paris. Il est surmonté d'une belle coupole qui éclaire toute la nef; les moulures de sa voûte encadrent quelques toiles, où sont représentés des traits de la vie de St-François-de-Sales, fondateur des Dames de la Visitation.

4° De la rue Philonarde, en tournant sur la gauche, on arrive à la rue des Teinturiers, ainsi nommée de

---

(1) La Congrégation des hommes fut fondée vers le milieu du siècle dernier; elle est établie sur le modèle et d'après les règles de la Congrégation *primaria* du Collège Romain.

industrie dont elle est le siège. La moitié de la voie publique y est occupée par le canal de la Sorgue, dont les eaux abondantes, dérivées de la Fontaine de Vaucluse, prêtent leur mouvement à la plupart des usines et des fabriques de la ville.

C'est dans cette rue que se trouve l'*Eglise des Pénitents gris*. Fondée, en 1226, par le roi Louis VIII, après la prise d'Avignon sur les Albigeois, la confrérie des Pénitents gris a pour but principal l'adoration du Saint-Sacrement qui, de temps immémorial et par un privilège bien rare dans les fastes catholiques, reste continuellement exposé dans son église.

Ce sanctuaire est très-irrégulier dans ses dispositions et dans son architecture. Un long vestibule au plafond lambrissé conduit à une petite rotonde décorée de moulures corinthiennes. Cette rotonde s'ouvre elle-même sur une nef hexagonale voûtée en arc-de-cloître entrecoupé d'une multitude de nervures qui forment les dessins les plus variés. Deux autres nefs à voûte ogivale partent de la première. Celle qui se dirige vers le nord, est la plus spacieuse : elle sert de chœur aux membres de la confrérie; son abside est orné d'un autel en marbre précieux que surmonte une superbe exposition, remarquable comme travail de dorure.

L'Eglise des Pénitents gris possède plusieurs bons tableaux. Dans le chœur de la confrérie, on voit de Nicolas Mignard, un *saint Benoît*, un *St-Ignace de Loyola* et une *Visitation*; — de Pierre Parrocel, le *Martyre de St-Geniès*, et *saint Hyacinthe portant la statue de la Ste-Vierge*; — et d'un auteur inconnu, une *Flagellation* et une *sainte Famille*. Dans la nef hexagonale, il y a quatre autres toiles de Parrocel, un *saint Roch*, un *saint Véran*, une *sainte Praxède* et *sainte Claire portant le Saint-Sacrement*. Le panneau de la *Conversion de saint Paul* est de Simon de Châlons. *Notre-Dame-de-salut*, qui est au-dessus de l'entrée du chœur, ne porte point de signature.

Un peu après l'Eglise des Pénitents Gris, dans la même rue, une maison cardinalice du XIV⁰ siècle a conservé ses tourelles d'angles et ses fenêtres croisées unies par des larmiers crénelés.

IX

Collège St-Joseph. — Verbe incarné. — Caserne communale.

1° Au commencement de la rue des Teinturiers, à l'endroit où le canal de la Sorgue se partage en deux branches et disparaît sous les maisons, on aperçoit les restes de l'Eglise et du clocher de l'ancien couvent des Cordeliers, aujourd'hui *Collège catholique de St-Joseph*. La principale entrée de cet établissement est dans la rue des Lices, au numero 63.

Le collège St-Joseph a été fondé, en 1849, par une association de pères de famille dans le but de donner aux enfants une éducation vraiment chrétienne, de les former de bonne heure à la pratique de leurs devoirs, et de les préparer, par des études solides, aux diverses carrières de la vie sociale. La direction en est confiée aux Pères de la Compagnie de Jésus.

Fidèle à la pensée qui a présidé à son origine, le collège St-Joseph conserve avec le pensionnat et le demi-pensionnat, un externat entièrement gratuit. L'ensei-

-gnement religieux et l'enseignement classique sont communs aux internes et aux externes. L'enseignement religieux comprend l'étude de la religion catholique dans son dogme, dans sa morale et dans son histoire. L'enseignement classique comprend l'étude des langues française, latine et grecque ; les cours de géographie et d'histoire ; les mathématiques élémentaires et supérieures ; la philosophie et les sciences physiques.

Le couvent des Cordeliers, qui datait des beaux jours du XIVe siècle, a été entièrement détruit vers 1806. De la grande et magnifique église de ces religieux, il ne reste plus qu'une chapelle à deux travées et à abside, celle précisément où le pape Grégoire XI institua, en 1372, la fête de la Présentation de la Ste-Vierge. Cette chapelle a été dernièrement restaurée avec le plus grand soin. Elle présente, sur une largeur de 7 mètres, une longueur de 18 mètres. L'ogive de sa voûte est à cinq points ; les deux fenêtres qui l'éclairent sont garnies de beaux vitraux sortis des ateliers de M. Martin d'Avignon et copiés sur les verrières de la cathédrale de Munich. L'autel en bois ciselé et découpé à jour supporte un gracieux tabernacle orné de flèches et de clochetons à crosses végétales ; la porte d'entrée est surmontée d'une magnifique toile du génois Dominique Piola, *St-François d'Assise recevant l'enfant Jésus dans ses bras*.

La belle Laure, dont les *Canzoni* et les *sonnetti* de Pétrarque ont illustré le nom et immortalisé les charmes, avait été ensevelie dans l'Eglise des Cordeliers ; le vandalisme moderne ne respecta point sa tombe (1), et il

---

(1) En 1793, avant la démolition de l'Eglise des Cordeliers, on enleva, d'après une loi, les ossements des églises pour les transporter

serait difficile aujourd'hui de préciser l'endroit où reposèrent ses os. En 1823, un riche anglais, M. Charles Kelsall, passant par Avignon, éleva sur l'emplacement de l'ancienne Eglise des Cordeliers un cippe funéraire à la mémoire de Laure; ce monument a été depuis transporté dans le jardin du Musée Calvet avec le tombeau du chevalier Folard, le commentateur de Polybe.

La chapelle provisoire du Collège St-Joseph a quelques bons tableaux; celui qui domine l'autel, *saint Louis de Gonzague et saint Stanislas Kostka* est de Sauvan; celui qui est à gauche, est dû au pinceau de Pierre Parrocel, *St-Grégoire-le-Grand et Ste-Cécile*. Dans les parloirs, il y a encore un *St-Jérôme* de l'Espagnolet (Ribera), une *Adoration des rois* attribuée à Annibal Carrache, et un *Ecce Homo*, qui n'est point signé.

De grandes constructions sont en ce moment poussées avec activité au Collège St-Joseph; elles feront de cet établissement un des beaux monuments de la cité.

2° De l'autre côté de la rue des Lices était autrefois le couvent des religieuses du *Verbe Incarné*. Ces dames suivaient la règle de saint Augustin; elles portaient sur une robe blanche un scapulaire rouge et un manteau de même couleur parsemé d'étoiles d'or. Leur

---

dans les cimetières. Il y avait dans le tombeau de Laure huit dents et des cheveux qui furent réunis à des perles de la chape de Jean XXII, et remis à M. Agricol Moureau, alors procureur de la commune, lequel se proposait de les déposer à la bibliothèque royale; mais ils ont été perdus.

Dans la chapelle de la croix, mal éclairée et très-humide par la proximité des eaux de la Sorgue, la tombe de Laure était déposée à droite en entrant et parallèlement au mur; sur une pierre verticalement placée était une inscription en caractères gothiques presque illisibles. (Frary. *Monuments de Vaucluse*.)

église avait été bâtie en 1703; elle est aujourd'hui convertie en magasin. Sa façade, ornée d'un fronton et de pilastres composites n'a rien perdu de sa grâce et de son élegance, malgré les mutilations nombreuses qu'elle a subies.

3° Une ruelle étroite sépare le Verbe Incarné de la *Caserne communale*. La caserne communale était encore, il y a quelques années, l'hospice des indigents et des enfants trouvés. Depuis 1846, elle est exclusivement affectée au logement des troupes et des militaires de passage.

X

Place Pie. --- Saint-Jean-le-Vieux. --- Palais de Justice. --- Synagogue. --- Mont-de-Piété. --- Rose de Ste-Catherine. --- Tour des Templiers.

1° De la rue des Lices quelques rues tortueuses conduisent à la *Place Pie*. Cette place sert de marché aux herbes et aux fruits. Elle porte le nom de Pie IV; car ce fut, en 1563, sous le pontificat de ce pape, qu'elle fut ouverte au public. Ses halles furent bâties, en 1762, sous la direction de François Franque, que nous avons nommé parmi nos illustrations avignonaises. En 1749, ce même architecte avait fait construire, sur les ruines de l'hôtel de Villefranche, la *Poissonnerie* et la *Boucherie*, dont on voit encore des restes dans la rue voisine dite du *Vieux-Sextier*. L'hôtel de Villefranche avait été habité, en 1716 et en 1727, par l'infortuné Jacques Stuart, roi d'Angleterre.

2° Derrière les halles s'élèvent les bâtiments de l'ancien couvent des Doctrinaires, plus connus sous le nom de *Saint-Jean-le-Vieux*, à cause des Hospitaliers de *Saint-Jean-de-Jérusalem* ; qui y avaient établi au XIIe siècle une commanderie de leur ordre. Après avoir abrité successivement les chevaliers de Rhodes, les religieuses de Ste-Praxède, les pères de la Doctrine chrétienne, cette maison fut affectée, après la suppression des communautés religieuses, au casernement d'une compagnie de vétérans. Depuis plusieurs années, elle a perdu sa destination militaire, et elle renferme aujourd'hui la Salle d'asile, une partie des Ecoles primaires, l'Ecole communale de musique et de chant, etc. C'est un des rares monuments de la ville dont l'architecture primitive n'ait pas été notablement dénaturée. Ses murailles crénelées, ses fenêtres à meneaux et à trilobes, ses tourelles avec leurs arcatures ont été conservées ; et la vue se repose avec plaisir sur une belle tour carrée à donjon octogone, placée au côté septentrional de l'édifice.

3° Le *Palais de Justice* est presque en face de Saint-Jean-le-Vieux. Il occupe les locaux qui formaient autrefois le séminaire de Ste-Garde (1). La salle des audiences du tribunal civil a été construite en 1856 :

(1) Le séminaire de Ste-Garde appartenait autrefois aux prêtres de la congrégation de Notre-Dame-de-Ste-Garde. Cette congrégation fut fondée à Ste-Garde, près le village de St-Didier sur Pernes, au diocèse de Carpentras, en 1698, par l'abbé Martin, curé de ce lieu, l'abbé Bertet, prêtre d'Avignon et l'abbé de Salvador, aussi prêtre d'Avignon et ancien officier au service de France. Outre l'établissement de St-Didier sur Pernes, appelé Ste-Garde-des-Champs, elle dirigeait le séminaire de Ste-Garde d'Avignon, la mission de Sainte-Croix à Sisteron, le pélérinage du Laus près de Gap, etc. Son but était, avec les missions dans les campagnes, l'éducation de la jeunesse dans les séminaires ecclésiastiques.

elle se fait remarquer par l'élégante simplicité de ses décorations. Quant à la chapelle, elle fut achevée en 1775. La coupe savante des pierres de sa voûte accuse un architecte très-habile dans l'art de la stéréotomie.

4° Non loin du Palais de Justice, les rues Abraham et Jacob font communiquer la rue Saunerie avec la place Jérusalem. Ainsi que l'indique son nom, cette place formait autrefois le quartier réservé aux Juifs. Leur *Synagogue* était très-ancienne, et elle renfermait de nombreuses richesses artistiques; malheureusement, en 1845, elle devint la proie des flammes. Elle a été réédifiée depuis; et c'est aujourd'hui une élégante rotonde qui, par son double rang de galeries intérieures et sa coupole orientale, rappelle assez la gracieuse mosquée d'El-Kébir.

Le département de Vaucluse est compris dans la circonscription territoriale du consistoire Israélite de Marseille avec les départements des Bouches-du-Rhône, du Gard, de l'Hérault, de la Lozère, de l'Ardèche, de la Haute-Loire, de la Loire, du Rhône, de l'Isère, des Hautes-Alpes, de la Drôme, des Basses-Alpes, du Var et de la Corse.

5° En face de la rue Abraham, la rue Saunerie part de la rue des Encans, qui mène aux bureaux de la Poste et au *Mont-de-piété*. Le Mont-de-piété d'Avignon est le plus ancien de France; il fut fondé en 1577, deux cents ans avant celui de Paris. Il est uni à la Caisse d'épargne et à la Condition des soies. En 1600, il fut transféré du collège des Jésuites où il avait pris naissance, dans une des dépendances de l'ancien palais du cardinal de Saluces.

6° Dans le voisinage du Mont-de-Piété sont les restes

de l'antique abbaye des religieuses de *Ste-Catherine.* L'église de ce monastère est aujourd'hui un magasin. La belle rose gothique, qui étale encore avec tant de grâce sur une façade mutilée ses formes rayonnantes, donne une idée de la beauté de ce sanctuaire dont l'architecture et les ornements étaient justement renommés dans la ville.

7° A quelques pas de là, en débouchant par la rue Ste-Catherine dans la rue Banasterie, on rencontre sur la gauche une vieille tour octogone que l'on n'a pas de peine à reconnaître pour une *Tour des Templiers.* Elle commandait, avant la révolution, l'Eglise paroissiale de St-Symphorien, dont la nef a été transformée en magasins et en maisons bourgeoises.

XI

Eglise de St-Pierre. — Ruines romaines. — Bourse.

1° L'*Eglise St-Pierre* existait très-anciennement sous le vocable de saint Paul : ruinée d'abord par les Vandales, elle fut, en 433, réédifiée par l'évêque Debo. En 685, saint Agricol la fit agrandir et la consacra en l'honneur de St-Pierre et de St-Paul. Détruite une seconde fois à l'époque de l'invasion sarrazine, elle fut réparée, en 911 par l'évêque Foulques qui l'érigea en prieuré sous le titre de saint Pierre. Au commencement du XIVe siècle, elle tombait en ruines; mais, en 1358, le cardinal Pierre de Prato, évêque de Préneste, la fit rebâtir et la donna au collège de chanoines qu'il venait de fonder. C'est dans cette Eglise que, le 1er novembre 1389, l'antipape Clément VII (Robert de Genève) couronna Louis II d'Anjou, roi de Sicile et de Jérusalem, en présence du roi de France et de celui d'Arménie.

La façade principale de St-Pierre, commencée en 1512, fut achevée en 1520, au prix de 1800 écus d'or. Le portail composé de moulures prismatiques, entre lesquelles courent des feuilles de vigne et des rinceaux, est limité par deux pinacles vinculés et surmonté d'un pignon à contrecourbe : la pointe légère de ce pignon monte en se jouant jusqu'au sommet de la façade que couronne une élégante balustrade portée sur de légères arcatures. Deux fenêtres flamboyantes de grandeur inégale s'ouvrent au dessus du portail; et deux tourelles hexagones servant d'escalier s'élèvent aux angles couronnées de pyramides à crosses végétales et chargées de petits pinacles, de contreforts et de fenêtres simulées. Sur le trumeau de la porte est une statue de la sainte Vierge du célèbre Bernus (1), abritée sous un dais gothique découronné de sa pyramide, mais rivalisant encore de finesse avec les autres sculptures de la façade. Quatre dais l'accompagnent sur les contreforts. Une autre série de dais avec statues ornait autrefois l'*intrados* de la grande archivolte. Les venteaux des portes sont admirables : au milieu d'entrelas et d'arabesques sont sculptés avec une précision remarquable le combat de St-Michel contre Lucifer et l'Annonciation de la sainte Vierge.

L'intérieur de l'Eglise est d'architecture gothique;

(1) Bernus (Jacques) né à Mazan, près Carpentras, le 15 décembre 1650, fut un sculpteur distingué. Doué d'une extrême modestie et d'un caractère excessivement timide, il éprouva de la répugnance à paraître hors de son propre pays; aussi ne quitta-t-il jamais sa province natale qu'il remplit de ses chefs-d'œuvre. Il mourut à Mazan, le 25 mars 1728.

malheureusement il a été déparé par les boiseries dont le noble Pierre de Cocilis voulut, en 1590, le décorer. Dans ces boiseries sont enchassées une foule de toiles qui n'offrent rien de remarquable et dont plusieurs même sont plus que médiocres.

Il y a cependant de bons tableaux dans les chapelles latérales. Ainsi, sous la tribune des orgues, on voit un *St-Pierre portant les clefs*, et un *St-André portant sa croix*, de P. Parrocel; — sous la tribune qui est en face, un autre *St-Pierre* du même maître; — au-dessous de la porte d'entrée et dans les chapelles qui l'avoisinent, neuf toiles à cadre ogival représentant différentes scènes de la *Vie de St-Antoine de Padoue*; (deux de ces toiles sont de Joseph Parrocel et les sept autres de Pierre, son neveu); — dans la chapelle de St-Joseph, la seconde à droite, une *Ste-Anne*, de Nicolas Mignard; — dans la chapelle suivante, une *Immaculée Conception*, du même peintre; — dans la seconde chapelle à gauche, une *Sainte Marguerite et Sainte Barbe*, du même; — dans la chapelle du Sacré Cœur, l'*Adoration des bergers*, de Simon de Châlons.

L'autel du Saint-Sépulcre est remarquable par son rétable formé d'un magnifique groupe. Les sept belles statues de pierre qui le composent furent sculptées, en 1431, par les soins et aux frais du duc de Galéans.

La chaire en pierre blanche très-fine est une des plus anciennes que l'on connaisse : c'est un vrai chef d'œuvre. De faibles nervures, courant dans les triangles formés par l'écartement des prismes, dessinent par leurs contours des fleurs de lys et autres figures. L'appui est porté sur de petits piliers cantonnés de contreforts légers et couronnés d'aiguilles. De petits dais découpés à jour s'étendent entr'eux et abritent de délicieuses statues qui proviennent pour la plupart du tombeau de Jean XXII et qui ont remplacé les statues anciennes.

La sacristie est à gauche du maître autel ; c'est une pièce de forme très-irrégulière et à voûte ogivale. Elle renferme une *Immaculée Conception* attribuée à Nicolas Mignard, et un *Saint François d'Assise recevant dans ses bras l'enfant Jésus*, de Pierre Parrocel.

Près de la porte de la sacristie, sous la tribune des orgues, un rétable, qui remonte aux premiers jours de la Renaissance, se fait remarquer par un curieux bas-relief de la *Cène*.

2° Dans le voisinage de l'Eglise de St-Pierre on trouve des *Ruines romaines*. Ce sont celles d'un théâtre antique. On peut les voir dans le jardin de M. le docteur Clément et dans les maisons voisines. Ce monument, au dire de tous les archéologues, était un des plus considérables de nos contrées et ne le cédait pas même au théâtre d'Orange. Il était assis sur le flanc oriental du Rocher des Doms et venait se rattacher du côté de l'archevêché actuel à l'hippodrome immense qui occupait l'emplacement de la place de l'Horloge et du quartier de la Madeleine. M. Esprit Calvet, le fondateur du Musée d'Avignon, était parvenu, à force de travail et de recherches, à en relever le plan. Il est malheureusement à regretter que ce document si important et si curieux pour l'histoire ancienne de notre ville n'ait pu être trouvé dans les collections archéologiques léguées par ce savant.

3° A quelques pas de St-Pierre, au commencement de la rue Bonnetterie, s'élève l'ancienne Eglise collégiale et paroissiale de Saint-Geniès, construite vers le commencement du dernier siècle. Cette Eglise, où le culte a complètement cessé depuis la révolution française, était depuis longtemps affectée à la *Bourse* et aux réunions de la Chambre de Commerce; mais rien cependant n'avait été changé à ses dispositions intérieures. En 1856, on a voulu rendre ce local plus propre à sa nouvelle destination; et la nef primitive, coupée par un plancher, offre maintenant dans sa partie supérieure d'élégantes salles pour la Chambre de Commerce, et une Bourse spacieuse et bien éclairée dans sa partie inférieure. Une seconde façade à fronton et à pilastres, enrichie de délicieuses arabesques largement imitées de l'antique, donne sur la rue du Vieux-Sextier.

XII

Eglise des Pénitents blancs. — Hôtel Crillon. — Eglise saint Didier. — Ancienne Université d'Avignon.

1° *L'Eglise des Pénitents Blancs* est tout près de la Bourse. Elle s'appelait autrefois Notre-Dame-la-Principale, parce qu'elle devait sa fondation au prince Boson, roi de Provence, en 930. Elle fut reconstruite au commencement du XV° siècle; et, en 1584, le cardinal Georges d'Armagnac, archevêque d'Avignon, l'érigea en collégiale. Depuis 1814, elle sert d'Eglise à la confrérie des Pénitents blancs (1).

Ses trois nefs voûtées à ogive mériteraient à peine l'attention des visiteurs, sans les magnifiques toiles qui les décorent. On y voit de Pierre Mignard le Romain,

---

(1) La confrérie des Pénitents blancs fut fondée, en 1527, sous le titre des *cinq plaies de N. S. J. C.* par 15 gentilshommes avignonais.

J.-C. avec les disciples d'Emmaüs ; la Madeleine et le jardinier ; — saint Pierre recevant les clefs des mains de J.-C. ; — J.-C. montrant ses plaies à St-Thomas ; — de Pierre Parrocel, la *Résurrection de J.-C.* ; *l'Ascension de J.-C.* ; — *La Pêche miraculeuse* ; — de Nicolas Mignard, *saint Simon Stock recevant le scapulaire* ; — de Charles Parrocel, l'*Ange assis sur la pierre du tombeau de J.-C.*

En 1574, le roi Henri III, passant par Avignon, se fit recevoir au nombre des Pénitents blancs ; revêtu du costume de la confrérie, il assista avec les principaux seigneurs de sa cour à la procession qui eut lieu à cette occasion, le 4 novembre ; il voulut même pendant quelques instants porter la croix à la tête des confrères. Cette croix a été conservée, et elle est exposée dans la sacristie de l'Eglise.

2° En se rendant des Pénitents blancs à l'Eglise St-Didier, l'on rencontre à gauche la rue de la Masse, où est situé l'ancien *Hôtel Crillon*, aujourd'hui propriété de M. Thomas, négociant. Cet Hôtel est un modèle achevé de l'architecture civile du XVII° siècle, et il peut aller de pair avec les plus beaux palais des cités italiennes.

3° *L'Eglise de Saint-Didier* forme l'un des côtés d'une petite place qui est complantée d'ormeaux.

Presque entièrement dégagée des maisons qui l'avoisinent, elle n'a rien de bien remarquable à l'extérieur. Son portail même attend encore ses décorations ; et son clocher n'a pour tout ornement, au dessus de la tour carrée qui le compose, qu'une flèche écrasée cantonnée de quatre clochetons massifs (1).

(1) Le clocher de St-Didier possède un carillon de sept cloches.

Mais à l'intérieur, l'œil est charmé par la vue d'une belle nef ogivale dont la voûte hardie et légère offre une ossature peu compliquée et des nervures prismatiques.

A gauche, une chaire en pierre est suspendue, à onze mètres de hauteur, sur un encorbellement faisant clef pendante au sommet de l'arcade de la troisième chapelle. Cette chaire, chef-d'œuvre de finesse et de légèreté, est ornée de nervures ciselées qui forment mille festons entrelacés et qui se terminent en pointe par un ange pressant sur sa poitrine l'écusson du cardinal fondateur de l'Eglise.

La seconde chapelle à droite est décorée d'un rétable en marbre blanc provenant de l'ancien couvent des Célestins. Ce beau morceau de sculpture, que l'on appelait les *Images du roi Réné*, fut fait, en 1481, au prix de 622 écus, d'après les ordres de ce roi, par un artiste italien, nommé *Francesco*. Il représente la quatrième Station du Chemin de la croix, *la rencontre de Jésus et de sa mère*. A droite est Marie qui, oppressée par la douleur, tombe dans les bras de Jean et de Madeleine; les saintes femmes qui l'entourent se pressent auprès d'elle éplorées pour lui porter secours. A gauche, en face de Marie, l'Homme-Dieu s'avance chargé de sa croix et escorté de satellites à faces ignobles et armés de glaives et de bâtons. Sur le milieu du tableau brillent des casques, des clairons et des lances; on voit flotter l'enseigne écarlate de Rome portant le monogramme du sénat et du peuple: S. P. Q. R. Dans le lointain apparaissent les murs et les tours du temple de Jérusalem qui semblent se perdre dans l'azur des Cieux. Au-dessous du bas-relief sont gravés onze vers latins qui, avec la date de l'année 1481, donnent l'explication de ce monument.

Le maître-autel formé de marbres précieux appartenait aussi aux Célestins. Il est dû au ciseau de Péru. Son tabernacle, autour duquel s'entrelacent des guirlandes de fleurs et des cornes d'abondance, est surmonté d'une tiare pontificale supportée par deux anges.

A droite et à gauche de l'entrée de l'abside sont placées dans des niches de bois doré deux magnifiques statues en pierre tirées de la chartreuse de Villeneuve-lez-Avignon.

Quant aux tableaux, on voit à St-Didier deux panneaux de Simon de Châlons, *La descente du St-Esprit sur les apôtres* (4e chapelle à droite), et le *Couronnement d'épines* (1re chapelle à droite); — quatre toiles de Sauvan, une *Sainte famille*, (au dessus de la statue de St-Jean, à gauche du maître autel), *la Dévotion au Sacré Cœur*, *une Purification* et *une Présentation*, dans la 3e chapelle à droite; — et une *Adoration des Mages*, de Pierre Parrocel, au dessus de la statue de St-Bruno, à droite du maître-autel.

L'Eglise de St-Didier est la troisième paroisse de la ville. Elle est chaque année, au commencement du mois de juillet, visitée par un grand nombre de pèlerins qui y viennent vénérer les reliques du saint berger Bénézet et du bienheureux cardinal Pierre de Luxembourg qui reposent dans sa nef.

Saint Agricol, évêque d'Avignon, est regardé comme le fondateur de cette église qu'il fit bâtir, vers 685, sur les ruines d'un temple païen. Il la consacra sous le titre de Saint Didier ou Désiré, évêque de Langres et martyr, et il la donna à desservir aux moines du fameux monastère de Lérins. Les Sarrazins la détruisirent de fond en comble, en 731. Plus tard, l'évêque

Foulques la réédifia, et Rostaing II, l'un de ses successeurs, la confia aux religieux de l'abbaye de Montmajour-les-Arles. Mais, en 1355, le cardinal Jean de Blauzac, évêque de Nîmes, pour se conformer aux dernières volontés de son oncle, le cardinal Bertrand de Deux, évêque de Sabine, l'érigea en collégiale avec l'approbation du pape Innocent VI, et la fit reconstruire sur de plus vastes proportions, telle qu'elle est aujourd'hui.

La chapitre de St-Didier était, avant la révolution de 1793, le quatrième chapitre de la ville. Un de ses membres, Antoine Facchinetti, après avoir passé par tous les degrés de la hiérarchie ecclésiastique, monta sur la chaire de saint Pierre, en 1590, sous le nom d'Innocent IX.

4° Non loin de l'Eglise saint Didier, dans la rue des Etudes (1), était autrefois l'*Université d'Avignon*. La salle de ses séances est maintenant transformée en magasin à garance. Sa porte à moulures et à fronton subsiste encore toute mutilée par le vandalisme des septembriseurs. L'Université d'Avignon fut fondée, en 1295, par Charles II, roi de Naples et comte de Provence. Boniface VIII lui donna, en 1303, l'érection canonique. Elle se composait de quatre facultés (jurisprudence, médecine, théologie et arts libéraux.) Elle brilla d'un vif éclat jusqu'au XVIIe siècle. On cite parmi ses professeurs André Alciat, Cujas, Pétrarque, Ripa de Sannazar, Oldrade, Guillaume Grimoard (Urbain V), Antoine Facchinetti (Innocent IX).

(1) Dans la rue Trois Faucons, la maison qui porte le numéro 9 et qui était comprise dans la livrée du cardinal Pietramala, aurait été habitée par le célèbre Pétrarque, si l'on en croit un passage d'une lettre de cet immortel poète.

XIII

Ancien Palais du cardinal de Bosquet. — Lycée impérial et son Eglise. — Musée Requien. — St-Martial.

1° En sortant de l'Eglise saint Didier, on entre dans la rue saint Marc. Une des premières maisons de cette rue se fait remarquer par les deux tourelles gothiques qui couronnent sa façade crénelée. C'est l'ancien palais du cardinal Bernard de Bosquet, archevêque de Naples vers le milieu du XIVe siècle. MM. Aubanel frères, imprimeurs-libraires, qui en sont les possesseurs actuels, se plaisent à l'embellir et à la restaurer dans son style primitif. Chez MM. Aubanel se voit un admirable tableau de Pierre Mignard le Romain, le portrait de la marquise de Ganges, si célèbre par sa beauté et plus encore par ses malheurs (1). La marquise est représentée écrivant une lettre; sur sa table sont des livres, des papiers, des breloques. Une fenêtre ouverte laisse apercevoir un jardin au fond duquel est une porte flamande surmontée des armes de M. de Castellane, son premier mari. Richer, dans son *Théâtre du monde*, dit à ce sujet : « Mignard se fit une gloire de peindre Madame de Ganges,

---

(1) Anne-Elisabeth de Rossan était née à Avignon en 1636. Mariée jeune encore au marquis de Castellane, elle parut à la cour de Louis XIV qui se plaisait à l'appeler la *belle provençale*. Devenue veuve après quelques années de mariage, elle épousa en secondes noces le marquis de Ganges. Les heureuses qualités de son âme et surtout la beauté de son visage inspirèrent à ses deux beaux-frères une passion coupable. La résistance qu'elle opposa à leurs désirs effrénés irrita ces misérables; et, après avoir essayé deux fois d'empoisonner l'infortunée marquise, ils la firent périr à coups d'épée en 1667.

et ce portrait est regardé comme le chef-d'œuvre de c[e]
artiste célèbre. »

Près de MM. Aubanel, dans le cloître de St-Did[ier]
sont établis les ateliers de M. Martin, peintre verrie[r.]
Les vitraux de M. Martin sont justement appréciés p[ar]
les archéologues; le beau vitrail de saint Joseph qu'il [a]
fait pour l'Eglise saint Didier lui a valu une mentio[n]
honorable à l'exposition universelle de 1855.

2° A l'extrémité de la rue saint Marc on voit l'Eglis[e]
de l'ancien collège des Jésuites, qui vient d'être habile[-]
ment restaurée et rendue au culte pour le service reli[-]
gieux du *Lycée impérial.*

La façade de cette Eglise, placée au dessus d'un per[-]
ron de plusieurs marches, est à triple portique. D[e]
grands pilastres corinthiens la soutiennent et porten[t]
un second ordre couronné d'un pignon qui élève l[a]
croix au dessus de toutes les maisons voisines. Des ni[-]
ches se creusent entre les pilastres, au-dessus de table[s]
veuves aujourd'hui de leurs inscriptions. Malheureuse[-]
ment leurs belles statues ont disparu sous le martea[u]
révolutionnaire. L'ensemble de la façade avec les énor[-]
mes consoles renversées qui l'arc-buttent est d'un effe[t]
imposant.

La nef, digne de Vignole, fut commencée en 1615 e[t]
achevée en 1655, sur le plan de l'Eglise du *Gesù*, que
fit élever à Rome, pour la maison-mère de la Compagnie
de Jésus, le cardinal Alexandre Farnèse, archevêque
d'Avignon. Sa voûte, par une bizarrerie inconcevable,
présente encore sur ses côtés l'arc ogival. Une ornementation des plus riches étale une luxuriante végétation
sur toutes les parties saillantes de la nef et sur les élégantes tribunes qui décorent son pourtour. Il est vive-

ment à regretter que l'abside soit déparée par une lourde et massive statue de N.-D.-des-Victoires : on a voulu, ces dernières années, remplacer par cet ornement de mauvais goût le rétable du Père-Eternel que détruisit le vandalisme des derniers jours du XVIIIe siècle.

Dans la chapelle de la sainte Vierge, l'autel est surmonté d'une magnifique toile de Nicolas Mignard, la *Visitation de la sainte Vierge*.

Les bâtiments du Lycée occupent les deux côtés de la rue qui longe l'Eglise : ils sont unis par un arceau colossal jeté, en 1673, au dessus de la voie publique. Ils étaient autrefois la livrée du cardinal de la Motte ; et, en 1564, la ville les acheta et les donna aux Jésuites pour y établir un collège de leur ordre. A la suppression de la Compagnie de Jésus, ils passèrent aux Bénédictins de Cluny d'abord, et ensuite aux Doctrinaires qui les conservèrent jusqu'à la révolution. Depuis le 17 janvier 1810, ils sont entre les mains de l'Université de France, et ils forment aujourd'hui un des plus beaux Lycées de l'Empire.

Une partie des bâtiments du Lycée, celle qui fait face au côté méridional de l'Eglise saint Didier, est appelée la *Tour de la Motte*, parce qu'elle était la tour du palais du cardinal dont nous venons de parler. Le père Bonfa construisit, au XVIIe siècle, le premier observatoire de France. On y voit encore des projections uranographiques tracées par le célèbre Kircher.

3° Le Musée Requien est affecté aux collections d'histoire naturelle.

M. Requien (Esprit) naquit à Avignon, le 6 mai 1788, et mourut à Bonifacio (Corse), le 1er juin 1851.

« Il faudrait passer en revue toutes les connaissances humaines pour suivre dans ses immenses travaux cet esprit universel. Archéologie, numismatique, bibliographie, sciences naturelles, il avait tout approfondi... Il aimait la science avec passion; il aima d'avantage encore sa ville natale et se dépouilla pour elle des trésors qu'il avait si laborieusement amassés. Il faut être savant soi-même pour comprendre toute la portée d'un pareil dévouement; car, pour un savant, donner de son vivant ses collections et ses livres, c'est mourir une première fois. M. Requien n'a pas laissé beaucoup d'ouvrages : ces hommes-là n'ont pas le temps d'écrire. Toutefois, qu'on ne redoute pas pour lui l'oubli de la postérité : l'ingénieux botaniste a laissé son nom à une petite rubiacée, et ce nom, adopté par la science, traversera les siècles écrit dans le calice d'une fleur. » (1)

Tel était M. Requien. M. Armand de Pontmartin a mieux peint encore son érudition profonde : « Un seul de ses regards, dit-il, suffisait pour expliquer à la fois la pierre d'une ruine, la plante qui avait percé cette pierre, l'insecte qui bourdonnait sur cette plante, et la langue qu'on avait parlée autour de ces débris. »

M. Requien était en relation avec toute l'Europe savante; et chaque contrée était ainsi venue lui apporter son tribut.

Indépendamment d'une nombreuse bibliothèque d'histoire naturelle, on trouve au Musée Requien une riche collection de zoologie, dans laquelle on remarque le Castor, l'Ornithorynque, le Vautour-griffon, le Gypaëte, le Condor, l'Autruche, l'Argus, la Lyre, le Chimpanzé; —

---

(1) *Discours sur les illustrations du département de Vaucluse, prononcé à la distribution solennelle des prix du Lycée d'Avignon, le 12 août 1851*, par M. Ch. Brainne, professeur d'histoire.

une collection de coquilles comprenant presque tous les genres vivants et fossiles; — des collections des trois règnes et de toutes les familles d'histoire naturelle; — une salle renfermant toutes les productions géologiques, paléontologiques et minéralogiques du département de Vaucluse, distribuées par commune, indépendamment des produits de même genre des autres contrées, principalement de la Corse; — enfin, un des herbiers les plus riches de France.

Cet important Musée est établi dans l'ancien couvent des Bénédictins, dont la façade d'architecture ionique vient d'être tournée à l'Ouest et relevée pierre par pierre sur un nouvel alignement.

4° Le bâtiment, qui lui fait suite dans la rue Calade, renferme encore la vieille Eglise du couvent, appelée *saint Martial*. Malgré des dégradations nombreuses, cette Eglise est presque intacte. Son abside, qui est affectée aujourd'hui aux cours publics de physique et de chimie, est magnifique : elle est de la fin du XV° siècle. Les nervures de sa voûte découpées à jour s'entrelacent de mille manières avec des clefs pendantes et reposent sur des corbeaux représentant des anges jouant des instruments de musique. Les meneaux de l'immense fenêtre du nord sont formés par une *fleur-de-lis-sans-fin* qui n'a peut-être pas sa pareille en France. Les élégants contreforts qui la soutiennent étaient autrefois surmontés chacun d'un double clocheton.

Les autres parties du couvent des Bénédictins qui touchent au Midi de l'Eglise sont occupées par l'Ecole normale primaire du département de Vaucluse.

XIV

Ancien Hôtel des Invalides: les Célestins (Pénitencier militaire). — Jardin des Plantes. — Hospice saint Louis. — Grand séminaire.

Au Sud de saint Martial et du Musée Requien s'étendaient, il n'y a pas longtemps encore, les bâtisses et les jardins de la succursale de l'Hôtel des Invalides de Paris. Cette succursale avait été fondée à Avignon, en 1801, par Napoléon Ier alors consul. Trois anciennes maisons religieuses, le Grand séminaire-de-saint-Charles, le noviciat-de-saint-Louis-des-Jésuites, et le monastère des Célestins, avaient servi à cet établissement. En 1822, sur la demande de l'archevêque, le Grand séminaire fut rendu à sa destination première, et les Invalides continuèrent à occuper saint Louis et les Célestins. Un parc planté de lauriers, de platanes, de peupliers et d'ormeaux séculaires réunissait ces deux bâtiments. Il était sillonné d'allées et de parterres rappelant, par leurs dénominations diverses, les victoires des armées de l'Empire. Ses murs de clôture étaient couverts d'inscriptions militaires; on y lisait sur 60 tableaux le nom des principales victoires et conquêtes des armées françaises de 1792 à 1844 : la biographie de Napoléon Ier, quelques allocutions guerrières et les noms des officiers généraux morts au champ d'honneur y étaient aussi rappelés. Mais, au mois de novembre 1850, la succursale d'Avignon fut supprimée, et ses Invalides furent dirigés sur Paris.

Depuis lors, le local qu'elle occupait a bien changé

de destination. Les *Célestins*, après avoir servi d'hôpital militaire pendant la guerre d'Orient, vont devenir un Pénitencier. Leur parc a été divisé en trois parties. *St-Louis* abrite les indigents, les vieillards et les enfants trouvés.

1° Le monastère des *Célestins* fut élevé sur le tombeau du bienheureux cardinal Pierre de Luxembourg, en 1393; il compte parmi ses fondateurs Clément VII (Robert de Genève), Charles VI, roi de France, le duc d'Orléans, le duc de Berry, le duc de Bourgogne, le duc de Savoie et tous les cardinaux de la cour pontificale. Aussi est-il d'un aspect grandiose et *quasi* royal.

On entre d'abord dans un cloître gothique bâti tout entier par le pape Martin V, qui donna deux mille florins pour sa construction. Ce cloître s'ouvre au midi sur l'ancien réfectoire des religieux, à l'endroit où l'on voit encore des restes de porte surmontés des armes de la maison d'Anjou. Les lambris qui forment le plafond du réfectoire sont très-remarquables: ils sont incrustés de nacre et d'ébène. L'infirmerie est précédée d'une belle terrasse qui regarde le sud-ouest: elle avait été construite par les ordres et aux frais du fameux capitaine français, Jean-le-Meingre-de-Boucicaut. La bibliothèque qui touchait à l'infirmerie était une des plus considérables de la ville: on y voyait, entr'autres, tous les livres du célèbre Gerson, chancelier de l'Université de Paris, qui les avait légués par testament aux Célestins d'Avignon.

Mais c'est l'Eglise surtout qui appelle l'attention des visiteurs. Elle a quatre nefs, toutes d'architecture ogivale. L'abside de la nef principale a plus d'ornementation que le reste du monument: de magnifiques sculptures, entr'autres un Christ environné d'Anges, décorent les nervures découpées de sa voûte.

Dans la première nef à gauche, on trouve des fresques récemment découvertes : elles représentent un trait de la vie de saint Jérôme, et semblent avoir été inspirées par la lecture de la *légende dorée* de Jacques de Voragine.

D'autres peintures plus remarquables ont été récemment aussi tirées de l'oubli où elles étaient ensevelies depuis longtemps : elles ornent les murs de la chapelle du cardinal Réolin, dans l'Eglise du bienheureux Pierre de Luxembourg, qui venait s'appuyer sur le côté nord de l'Eglise des Célestins. On les dirait transportées du *Campo-santo* de Pise, et nous ne croyons pas nous tromper en affirmant qu'elles sont dues au pinceau de quelqu'un des mystiques artistes de l'école d'Ombrie. Une double scène, *la dernière communion de sainte Marie Madeleine*, et son *Assomption*, en fait le sujet. Sur le premier plan, c'est la bienheureuse pénitente recevant la communion des mains de saint Maximin ; et sur le second, la même sainte est enlevée aux cieux par quatre anges aux ailes étendues.

2° Le parc des Célestins a été, avons-nous dit, divisé en trois parties. Dans l'une s'élève le vaste bâtiment cellulaire destiné aux militaires condamnés.

L'autre a remplacé le *Jardin des Plantes* qui était, avant le percement de la rue Bonaparte, attenant au Musée Requien. Ce jardin est très-riche et parfaitement entretenu. Placé à l'abri des vents du nord, il offre en hiver une promenade des plus agréables ; et en été, les grands arbres qui bordent ses allées forment un ombrage délicieux au milieu des plus fortes ardeurs de la Canicule.

La troisième partie est occupée par la rue Bonaparte.

3° *Saint Louis*, aujourd'hui l'hospice des indigents, des orphelins et des enfants trouvés, était, avant 1768, le noviciat des Jésuites. Il fut fondé en 1589.

Son église, bâtie, en 1604, grâce à la munificence de Mme Louise d'Ancezune, est construite sur le plan de *St-André du Quirinal*. Elle est éclairée par une coupole dont les pendentifs sont ornées de fresques représentant les quatre évangélistes. Trois de ces peintures sont dues au pinceau de Jean-Denis Attiret de Dôle, frère jésuite, mort à Pékin, le 8 décembre 1768, peintre de l'empereur de la Chine Kien-Long. Elles sont faites avec une chaleur de ton, une vigueur de coloris, un éclat de lumière, une expression religieuse dont rien n'approche. Il semble que les trois figures vont se détacher de la muraille et saillir en relief (1).

Le tableau de l'autel est de Sauvan, *saint Louis, roi de France*. Deux toiles de Parrocel, *saint Antoine de Padoue* et *saint François d'Assise*, ornent les croisillons de l'Eglise qui servaient autrefois de chapelles latérales et qu'il a fallu aujourd'hui, pour les besoins de l'hospice, couper par des tribunes.

En 1769, les Dominicaines de sainte Praxède achetèrent saint Louis et achevèrent la construction des bâtiments que les Jésuites n'avaient pas eu le temps de terminer. Ces bâtiments sont d'une architecture régulière et élégante. Un cloître à voûte cintrée fait le tour du rez-de-chaussée et s'éclaire sur une vaste cour intérieure complantée de platanes.

---

(1) La quatrième figure, *saint Jean l'Evangéliste*, est de M. Mariotty fils, d'Avignon, déjà connu par plusieurs bons tableaux.

Depuis le mois d'août 1853, un dépôt de mendicité a été annexé à *saint Louis*. Quinze sœurs de saint Charles donnent, aux personnes réunies dans cet hospice important, tous les soins que réclame leur état.

4° Le *Grand Séminaire de saint Charles* fut construit, en 1690, sous l'archevêque Fieschi ; en 1705, il fut agrégé à celui de saint Sulpice de Paris. C'est un des plus vastes et des plus beaux séminaires de France. Il est seulement à regretter qu'une aile manque à ses bâtisses et que le cloître de la porte d'entrée n'ait pas été achevé. Son église est du style corinthien le plus orné : les voûtes en sont plates, et leurs pierres forment par leurs joints les dessins les plus variés. L'autel est abrité par un superbe *ciborium* en forme de baldaquin à colonnes de marbre, qui s'élève à une hauteur de 13 mètres. Le tableau principal, qui est de Vien (de Montpellier), représente la *Circoncision de Notre-Seigneur* : il fut peint en 1757. On sait que Vien est une des célébrités de l'école française : il était premier peintre de Louis XVI, président de l'Académie de Paris et ancien directeur de celle de France à Rome.

On voit encore au *Grand Séminaire*, dans le réfectoire, un long panneau de Simon de Châlons, *Jésus enfant jouant avec les enfants de son âge* ; une toile de Nicolas Mignard, l'*Assomption de la sainte Vierge* ; et une autre toile, *saint Ignace de Loyola*, peinte, en 1729, par Sauvan, d'après l'original du même Mignard.

De grands jardins, il conviendrait mieux de dire d'immenses prairies, environnent le *Grand Séminaire*, et offrent à cette maison tous les avantages de la campagne au milieu même de la ville. Autour de ces jardins viennent se grouper d'autres communautés religieuses ;

les orphelines de la Petite Providence ; les dames Carmélites, les Dames de la Visitation, les filles de sainte Ursule, les Pères Récollets (1).

XV

Musée Calvet.

Le *Musée Calvet* occupe l'ancien hôtel Villeneuve, bâti vers l'an 1751. Fondé et doté, en 1810, par le savant dont il porte le nom (2), cet établissement est ouvert au public tous les dimanches, depuis 11 heures du matin jusqu'à 3 heures de l'après-midi ; les étrangers et les artistes sont également admis à le visiter pendant la semaine ; ceux-ci peuvent, avec la permission du Directeur ou du Conservateur, y travailler depuis 10 heures du matin jusqu'à 4 heures de l'après-midi.

La Bibliothèque est accessible au public les lundi, mardi, jeudi et vendredi de chaque semaine, depuis 10 heures du matin jusqu'à 4 heures de l'après-midi, et en

---

(1) L'abattoir public est derrière le *Grand Séminaire* : c'est un local vaste et parfaitement aéré : il est constamment arrosé par des eaux abondantes.

(2) Le docteur Calvet, par son testament olographe du 10 janvier 1810, a laissé une pension de 60 francs par mois à la personne la plus âgée de la ville, à la condition qu'elle soit née à Avignon de parents catholiques ; — une pension annuelle de 200 francs payable pendant six années consécutives au cultivateur qui aura le plus d'enfants vivants, pourvu qu'il soit domicilié à Avignon et qu'il y soit né de parents catholiques ; — un prix de 100 francs qui sera donné tous les deux ans au jeune homme âgé de moins de 24 ans qui aura fait le meilleur dessin au crayon.

outre, pendant la saison d'hiver, depuis 6 heures jusqu'à 9 heures du soir.

L'administration, présidée par le Maire, se compose des trois *exécuteurs testamentaires* du fondateur, nommés à vie, (les deux survivants élisant celui qui doit remplacer le tiers décédé), et de cinq *administrateurs* nommés pour dix ans par le conseil municipal.

Voici quelques notes sommaires sur les collections que renferme le *Musée Calvet*; nous les empruntons à l'*Annuaire de Vaucluse* pour l'année 1857 :

1° Une bibliothèque composée de plus de 60 mille volumes, où l'on remarque un grand nombre d'incunables, et particulièrement une collection d'ouvrages relatifs à l'histoire des provinces méridionales de la France, rassemblés et offerts au Musée Calvet par MM. Requien et Moutte. La bibliothèque comprend encore 1,200 manuscrits, parmi lesquels on distingue le missel de l'antipape Clément VII, les heures du bienheureux Pierre-de-Luxembourg, le psautier du maréchal Boucicaut, et d'autres ouvrages enluminés et ornés de miniatures; beaucoup de livres liturgiques notés, soit en neumes, soit en points; une Somme de Saint Thomas, donnée aux Frères-Prêcheurs, par le pape Jean XXII; les statuts de l'ancienne république d'Avignon; diverses collections de documents concernant l'histoire, tant générale que locale, et plusieurs recueils d'autographes.

2° Un médaillier renfermant environ 20,000 pièces grecques, romaines, gauloises, royales, ecclésiastiques, baronnales, obsidionales, modernes et étrangères, plus une collection de jetons, de sceaux, de bulles de plomb et de pierres gravées. La richesse de ce médaillier consiste principalement, pour l'antiquité, en pièces consulaires et impériales d'or, d'argent et de bronze; pour le moyen-âge, en monnaies de Provence, du Dauphiné, de la Principauté d'Orange, et surtout en espèces pontificales frappées dans le Comtat-Vénaissin. Parmi les sceaux, la série des bulles métalliques des prélats, des barons et des communes du sud-est de la France, et la suite des types originaux des vice-légats qui ont gouverné le Comtat au nom du Pape, méritent une mention spéciale.

3° Une collection épigraphique, comprenant une inscription sur plomb, en caractères inconnus, d'une haute antiquité; 27 inscriptions grecques, sur marbre ou sur pierre, dont quelques-unes ont été découvertes dans la contrée, et les autres proviennent du Musée-Nani de Venise; 146 inscriptions romaines ou gallo-romaines, dont plusieurs sont inédites, et 51 du moyen-âge ou de la Renaissance.

4° Une galerie de sculpture antique, contenant des statues, bustes, torses, larves, autels, cippes funéraires, stèles, bas-reliefs, colonnes, architraves, frises, et autres débris des monuments égyptiens, grecs, étrusques, gaulois ou romains. La plupart des anciennes cités de la Gaule méridionale, notamment Vaison, Orange, Apt, Carpentras, Cavaillon, Avignon, Arles, Nîmes et Marseille, ont payé leur tribut à cette collection lapidaire, dont les marbres du Musée-Nani, au nombre de 46, acquis par l'administration en 1841, sont venus accroître la richesse et l'intérêt.

5° Une galerie de sculpture du moyen-âge et de la Renaissance, où l'on a recueilli les statues, bas-reliefs, tombeaux, cheminées, chapiteaux historiés, corniches, baldaquins, bahuts, panneaux sculptés et peints, débris de vitraux, ouvrages de serrurerie, écussons armoriés et fragments de toutes sortes, provenant des anciens palais ou demeures seigneuriales, des églises et des couvents ruinés par la Révolution. On remarque dans cette intéressante galerie plusieurs inscriptions des premiers temps du christianisme ; un sarcophage en marbre sculpté du Ve siècle ; de belles colonnes romanes des cloîtres de Notre-Dame-des-Doms d'Avignon et de Saint-Siffrein de Carpentras ; de nombreuses statuettes en bois, en marbre ou en albâtre; un porte-flambeau gothique en fer ouvragé, provenant de l'ancien Hôtel-de-Ville d'Avignon; la pierre tombale, avec figure, de Raymond, comte de Beaufort; les tombeaux du pape Urbain V, du cardinal de Brancas, du cardinal Lagrange, et celui du maréchal de La Palice, chef-d'œuvre de sculpture de la Renaissance.

6° Des collections archéologiques si considérables et si importantes que, de l'avis des antiquaires, elles tiennent le premier rang parmi celles de tous les musées de province. Elles se composent de statuettes, bronzes divers, poteries, vases, patères, urnes, amphores, lampes, briques et tuyaux en plomb signés, cachets ou marques de fabrique, verres antiques, miroirs métalliques, candelabres, agrafes, bracelets, bagues, dés à coudre et à jouer, épingles de tête, styles, mascarons, momies, papyrus peints ou écrits, instruments de musique, trépieds, marteaux, amulettes, haches en pierre et en bronze, couteaux, armes, armures, clefs, serrures, coffrets, ivoires ouvragés, poids, ustensiles, émaux, vases sacrés, croix, crosses, triptyques, monstrances, cuillers d'église, en un mot d'objets de tout genre appartenant à l'antiquité égyptienne, grecque, étrusque, celtique ou romaine, au moyen-âge ou à la Renaissance. Les plus remarquables de ces collections sont : celle des bronzes, qui compte plus de deux cents figures de dieux, d'hommes ou d'animaux; celle des vases grecs, dont un joli choix, provenant d'Athènes, a été donné, en 1847, par M. Théophile Clauseau; celle des lampes, offrant plus de 400 variétés, et surtout celle des verres antiques, qui passe pour une des plus belles de l'Europe. Au milieu de tant de richesses archéologiques, pour la plupart exhumées de notre sol et qui encombrent les armoires du Musée, l'œil rapide du visiteur indifférent ou attardé, ne sait où s'arrêter; mais les connaisseurs attentifs distinguent, entre autres objets précieux, un buste de Jupiter en calcédoine, une statuette du même dieu en argent, un bel Apollon en bronze, une curieuse charge de l'empereur Caracalla représenté en marchand de petits pâtés, une enseigne militaire, une *ascia* parfaitement conservée, deux urnes cinéraires en albâtre oriental, une jatte en verre bleu d'une grande rareté, un triptyque bysantin, un ciboire, une pyxide émaillée, une crosse représentant le couronnement de la Vierge et provenant de l'ancienne abbaye de Sénanque, une croix processionnelle en argent, du commencement du XIVe siècle, ornée de figures en reliefs, d'émaux et de pierreries, etc.

7° Le Musée possède quelques statues modernes en marbre; la *Cassandre*, de Pradier; la *Moissonneuse endormie*, de Louis Véray; le *Faune*, de Louis Brian; la *Baigneuse*, d'Espercieux; plusieurs bustes de Puget, de Péru, de Thornwaldsen, de Duret, etc.; une foule d'objets d'art ou de curiosité provenant de différents pays du monde, et consistant en idoles, vêtements, armes, parures, instruments de musique, etc.

8° Une galerie de tableaux de toutes les écoles, depuis le XIVe siècle jusqu'à nos jours. Les écoles d'Italie y sont représentées par l'Albane, le Bassan, Louis Carrache, Lorenzo di Credi, Guaspre Poussin, Innocent d'Imola, Salvator Rosa, Sassoferrato, Alexandre Véronèse, Zuccharelli, etc.; l'école espagnole, par Herrera, Ribera, etc.; les écoles flamande, hollandaise et allemande, par Van Balen, Berghem, Brauwer, Breughel le Drôle et Breughel de Velours, Philippe de Champaigne, Van-Craesbeeck, Van-Eeckoudt, Frank-Flore, Gérard de Harlem, Hobbema, Holbein, Abraham Mignon, Ruysdael, Swanevelt, Teniers, Ant. Van Dyck, Verindael, etc.; l'école française, par Sébastien Bourdon, Corot, Daubigny, David, Dévéria, Géricault, Granet, Gudin, Huet, Largillière, Mme Vigée-Lebrun, Lenain, Reynaud-Levieux, Nicolas et Pierre Mignard, Joseph et Pierre Parrocel, J.-B. Regnauld, Léopold Robert, Simon de Châlons, J.-M. Vien; enfin par tous les membres d'une illustre famille de peintres originaires d'Avignon, Antoine, Joseph, François, Carle et Horace Vernet, dont les nombreuses toiles occupent la partie de la salle qui a reçu le nom de *Galerie-Vernet* (1). A l'extrémité opposée de la même salle, en entrant, se trouve une suite de tableaux anciens, de diverses écoles, pour la plupart

---

(1) Le Musée a reçu, en 1856, la grande médaille d'or qui avait été décernée par le Jury international de l'exposition universelle à M. Horace Vernet. C'est un nouveau et précieux témoignage de la prédilection du grand artiste dont s'honore la France, pour notre ville, berceau de sa famille et pour notre Musée depuis longtemps accoutumé à ses libérales faveurs.

peints sur bois et anonymes, qui présentent beaucoup d'intérêt pour l'histoire de la peinture. On y remarque des retables des XIVe et XVe siècles, et le portrait en pied du bienheureux Pierre-de-Luxembourg, contemporain de ce patron de la ville d'Avignon et provenant de son tombeau.

9° Une galerie de portraits des illustrations ou notabilités Vauclusiennes, parmi lesquels figurent de très-anciens portraits de Laure et de Pétrarque, ceux du brave Crillon, du Duc de Mahon, du connétable de Luynes, de Louis de Perrussis, du chevalier Folard, d'Althen, de Fléchier, de l'abbé Poulle, du vénérable César de Bus, du cardinal Maury, des sculpteurs Bernus et Péru, des peintres Nicolas Mignard, Parrocel et Joseph Vernet, des savants Dom Malachie d'Inguimbert, Calvet, Artaud et Requien.

10° Une collection de dessins et d'estampes. On y remarque, parmi les dessins, les esquisses originales des ports de France, par Joseph Vernet; parmi les estampes, diverses gravures de Marc-Antoine Raimond, de Balechou, de Raphaël Mengs, et surtout une belle épreuve de la gravure de l'Hémicycle du Palais des Beaux-Arts, exécutée par Henriquel-Dupont, et récemment offerte au Musée Calvet par M. Paul Delaroche.

XVI

Ancien couvent des Dominicains. — Eglise de l'Oratoire. — Hôtel Lescarenne. — Ruines romaines de la rue Petite Fusterie.

1° En quittant le Musée Calvet, le voyageur trouvera

sur sa gauche la rue saint Dominique. Cette voie publique a été pratiquée, il y a quelques années, à travers les bâtiments de l'ancien *couvent des Dominicains*. Ce monastère, fondé en 1227 par saint Dominique lui même, avait servi d'habitation au pape Clément V, à saint Vincent Ferrier et à une foule de personnages illustres dans l'histoire de l'Eglise. Sous ses voûtes, le 18 juillet 1323, Jean XXII avait solennellement canonisé saint Thomas d'Aquin, en présence de Robert, roi de Sicile.

L'Eglise des Dominicains datait du XIV° siècle ; elle était magnifique : nulle Eglise d'Avignon ne pouvait lui être comparée pour la grandeur. Malheureusement, en 1837, elle a été démolie par le marteau des bandes noires.

2° Plus loin, dans la rue Calade, apparait la belle façade composite de l'*Eglise de l'Oratoire*. Ainsi que l'indique son nom, l'*Oratoire* appartenait autrefois aux Oratoriens. C'est la plus élégante des églises de la ville: commencée en 1713 et achevée en 1741, sous la direction du P. Léonard, chanoine de saint Pierre, elle rappelle ce que l'architecture de la Renaissance a produit de plus gracieux et de plus pur en France, sous le règne de Louis XV. Elle est construite en forme de rotonde sur un plan elliptique avec une nef et des tribunes en pourtour. Le dôme qui la couronne se fait remarquer par son élévation et la coupe de ses pierres. Les plafonds à claveaux de sa nef excitent l'admiration des architectes.

Les marbres et les dorures abondent dans cette Eglise. Le maitre-autel y est surmonté de l'*Adoration des bergers*, de Nicolas Mignard.

3° On voit encore, dans la rue Calade, un des chefs-d'œuvre de ce célèbre artiste. Au commencement du siècle dernier, il peignit les plafonds et les riches panneaux d'une chambre à coucher de l'*Hôtel de Tonduti de Lescarenne*. Ces peintures sont admirables : leur sujet est emprunté à la mythologie.

4° L'hôtel Lescarenne s'ouvre aussi sur la rue *Petite Fusterie*. Les maisons qui forment le côté oriental de cette rue sont toutes bâties sur les ruines de l'ancien hippodrome romain dont on a rencontré des vestiges, ces dernières années, en creusant les fondations de l'Hôtel-de-Ville. Ces ruines se composent d'immenses arceaux à grand appareil. Elles sont pour la plupart cachées aujourd'hui dans les caves et les arrière-magasins. A la descente de la Madeleine on en trouve cependant un arceau à découvert. Cet arceau, sous lequel a été pratiquée une pompe publique, supporte une lourde tour carrée, construite pour la défense de la ville, lors de l'invasion sarrazine, et transformé plus tard en clocher pour l'Eglise de la Madeleine.

Non loin de là, dans la rue saint Etienne, la maison qui porte les numéros 22 et 24, attire l'attention par ses fenêtres croisées avec larmiers et meneaux : c'était autrefois le palais de la reine Jeanne de Naples, qui vendit, en 1348, la ville d'Avignon au pape Clément VI.

Dans la rue saint Etienne, et surtout dans la rue voisine, la Grande Fusterie, se tient, le 30 novembre de chaque année, une importante Foire ; et dans les derniers jours de mars, un Marché non moins important, pour la vente des Cuirs tannés et en poil, et pour celle des laines.

XVII

Eglise St-Agricol. — Hôtel de la Préfecture. — Ecole communale. — Ancien Jeu de Paume. — Hôtel Baroncelli-Javon.

1° La prolongation des arceaux de l'Hippodrome vers le sud-est sert de base à l'*Eglise de saint Agricol*. Fondée, en 680, par St-Agricol lui-même, 40e évêque d'Avignon, cette église fut renversée par les Sarrazins, en 731. Environ 150 ans après, l'évêque Foulques la releva de ses ruines. Le pape Jean XXII, en 1321, voulant la doter d'un chapitre de chanoines, la fit reconstruire à ses frais, telle à peu près qu'elle est aujourd'hui, sauf les nefs latérales et la dernière travée qui datent de 1420.

Cet édifice est en partie masqué par les maisons qui l'avoisinent; aussi n'offre-t-il rien de bien remarquable à l'extérieur. Cependant sa façade principale, à laquelle on arrive par un large et bel escalier de 20 marches, mérite de fixer quelques instants l'attention des artistes. Commencée en 1485, elle présente, quoique inachevée, les principaux caractères du style ogival flamboyant de l'époque; la porte est divisée en deux par un trumeau auquel est adossée sous un dais gothique une statue de la sainte Vierge; sur ses deux côtés, des dais également gothiques abritent deux anges à genoux. On voyait autrefois sur le tympan une représentation en ronde-bosse de l'Annonciation de la sainte Vierge; à la fin du dernier siècle, cette scène a été malheureusement détruite, et il n'en reste plus aujourd'hui que le buste du Père-Éternel, un vase à fleurs et un pupitre avec deux livres ouverts. Ces statues et ces sculptures sont admirables de travail et d'expression religieuse.

L'intérieur de l'Eglise est d'un gothique pur, simple et sans ornements; les voûtes sont élégamment suspendues sur des piliers assez élancés. Malheureusement, en 1832, un zèle pieux, mais mal éclairé, sous prétexte de restauration, couvrit d'un badigeon jaunâtre et de grisailles fort incorrectes la noble sévérité de la pierre dans toutes les parties de l'édifice.

Au-dessus des tribunes, une grande et belle fresque de Pierre de Cortone, peintre italien du XVIe siècle, représente *saint Agricol mettant sa ville d'Avignon sous la protection de la sainte Vierge.*

On trouve dans cette église quelques toiles estimées. Il y en a une de Nicolas Mignard, *N.-D. des sept douleurs*, d'après le Carrache, dans la chapelle du Crucifix (la seconde à droite). *Le Sauveur prêchant*, qui est entre la chapelle sainte Barbe et celle de St-Michel (dans la nef de gauche, derrière la chaire), est de Parrocel Pierre. Dans la chapelle de sainte Anne (la quatrième à droite) on voit une *Assomption*, attribuée au Bourguignon, et une *Ste-Anne* de l'italien François Trevisani. Le *saint Michel*, qui est dans la chapelle de ce nom (la première après les fonts baptismaux), fut peint, d'après le Guide, par Sauvan. Le tableau de *saint Agricol*, qui est au dessus de l'autel de la première chapelle à droite n'est pas sans mérite: il est de l'avignonais Minoli. Près de cette chapelle, une plaque de marbre noir, scellée dans le mur par un encadrement de pierre et surmontée d'un médaillon, indique la sépulture de Pierre Mignard le fils, peintre distingué et habile architecte.

La chapelle de la sainte Vierge (la troisième à droite)

est un magnifique morceau d'architecture classique, quoique jurant un peu cependant, malgré l'élancement de sa coupole et le fini de ses ornements, avec le style ogival du reste de l'Eglise. Elle peut être regardée comme le chef-d'œuvre de Péru. La statue de St-Jean-Baptiste et celle de Ste-Elisabeth qui en décorent les côtés sont dues au ciseau de cet artiste ; l'autel et la statue de la Ste-Vierge qui le domine, sont du Lyonnais Coysevox.

La chapelle de la *Congrégation des pauvres femmes*, qui se trouve au fond de la nef de gauche, est décorée de caissons chargées de rosaces. Son autel a été sculpté par Péru; le tableau qui le surmonte est de François Vernet, le grand oncle d'Horace Vernet; et le grandiose mausolée qui est à droite appartenait jadis à la noble famille des Perrussis.

Le maître-autel est dû encore à Péru: il se distingue autant par l'élégance de sa forme que par la rareté des marbres qui le composent.

Au-dessus de la petite porte latérale, on a réuni des sculptures curieuses du XIIIe siècle et provenant de l'ancienne église de St-Agricol, que Jean XXII fit démolir.

Le fond de la nef de droite est occupé par le rétable de l'Annonciation, vulgairement appelé, l'on ne sait trop pourquoi, le *tombeau des Doni*. Ce monument, haut de 7 mètres 64 centimètres et large de 2 mètres 94 centimètres, est un vrai bijou de la Renaissance qui s'est plu à l'orner de ses plus gracieuses arabesques et de ses ornements les plus variés. On remarquera un groupe charmant d'Anges véritablement célestes qui célèbrent *sur divers instruments et le papier de musique à la main*, les louanges de Dieu. Toutes ces sculptures, aussi bien que le groupe de l'Annonciation étaient polychrômes, c'est-à-dire, rehaussés d'or et de couleurs.

La sacristie se compose de deux salles. Dans la première qui est voûtée à ogive, on voit une *sainte Agathe* de Nicolas Mignard. La seconde est ornée d'une belle boiserie et de nombreux panneaux dont deux, portant les armes de la maison de Grilhet, sont attribués à Simon de Châlons.

Saint Agricol est aujourd'hui, comme autrefois, la première paroisse de la ville et du diocèse d'Avignon.

2° Dans la rue qui longe le côté méridional de cette Eglise et qui porte le nom de saint Agricol, se trouvent les restes de deux monuments du moyen-âge : la commanderie des chevaliers de Malte dont l'Eglise ogivale du XIVe siècle sert aujourd'hui d'écurie à l'hôtel du Pont, et la maison de Pierre de Luna qui a conservé ses belles tours d'angle.

L'*Hôtel de la Préfecture*, qui est dans le voisinage, occupe les anciens bâtiments de l'hôtel de Forbin, jadis Collège-du-Roure. Ses deux principaux corps-de-logis sont reliés entr'eux par un arceau jeté sur la rue Bouquerie. L'hôtel de la Préfecture est très-beau et parfaitement décoré. Il est fâcheux seulement que ses abords soient formés par des rues étroites et tortueuses.

3° Les bureaux de la Préfecture sont établis dans l'ancien hôtel Fallot de Beaumont. Ils se rattachent, du côté sud, à l'école communale par le café du Jeu de Paume; et ils touchent, au nord, à l'hôtel de Baroncelli-Javon. Le café du *Jeu de Paume* faisait autrefois partie de la livrée du cardinal de Caraman. Ses bâtiments ont conservé presque intacte cette physionomie moyen-âge que l'on cherche en vain dans la plupart des maisons d'Avignon qui datent du XIVe siècle; ils ont encore leurs tours et leurs créneaux, leurs fenêtres croisées, des salles voûtées en ogive, d'autres plafonnées à caissons, etc.

L'*Ecole communale*, qui comprend aussi le temple protestant, était, en 1500, le palais de la famille de Sade. On y remarque un beau vestibule du commencement du XVIe siècle (1).

4° Quant à l'*hôtel de Baroncelli-Javon*, il faisait partie de la livrée du cardinal de Poitiers. Sur sa porte d'entrée sont sculptées des branches de chêne qui affectent la forme des clochetons et des meneaux flamboyants de la fin du XVe siècle. Le chêne entrait dans l'écusson du pape Jules II, et les Baroncelli contractèrent des alliances avec la famille de la Rovère ou du Roure à laquelle appartenait ce pontife. Il y a dans cet hôtel un salon dont les peintures sont dues au pinceau de Pierre Parrocel.

(1) Dans la rue des Ortolans se trouve la communauté des Frères des Ecoles Chrétiennes, établie dans l'ancien couvent des Orphelines. Leur élégante chapelle date de 1768 ; elle est entièrement décorée de peintures et de lambris.

CHAPITRE TROISIÈME.

MONUMENTS EXTÉRIEURS DE LA VILLE D'AVIGNON.

Après avoir parcouru les rues d'Avignon et examiné en détail les divers édifices qui les décorent, le voyageur voudra connaître aussi sans doute les monuments qui sont compris hors de l'enceinte murale de la ville. Cette enceinte elle-même appellera son attention ; puis ses regards se porteront successivement sur la Gare du chemin de fer, la Caserne de cavalerie, le Pont saint Bénézet et l'Hospice Isnard.

I

Les Remparts d'Avignon.

Nous l'avons dit, la ville d'Avignon est entourée aujourd'hui encore d'une ceinture de pierre qui n'a pas moins de 4,880 mètres de circuit. Ses remparts s'appuyent à leur naissance et à leur extrémité sur un rocher énorme qui sert lui-même de fortification du côté du Nord. Leur caractère architectural présente un intérêt tout particulier au double point de vue de l'art et de l'histoire ; et M. Viollet-Leduc, dans son DICTIONNAIRE RAISONNÉ D'ARCHITECTURE, n'hésite pas à dire que, *comme* conservation, ils sont les plus beaux qu'il y ait sur le sol actuel de la France.

Ils datent du XIV° siècle : le pape Clément VI les fit commencer en 1349, et ils furent achevés, en 1358, sous le pontificat d'Urbain V. Leur hauteur est de 11 mètres 98 centimètres ; et leur épaisseur, de 3 mètres à fleur de terre, est de 2 mètres à leur couronnement.

On s'aperçoit au premier coup d'œil qu'à l'époque de leur construction, Avignon n'était pas sous la domination française. Suivant la méthode suivie alors en Italie, ces murs ne sont qu'une enceinte flanquée ; et ils ne sont même pas garnis de machicoulis dans toute leur étendue : le côté méridional de la ville n'est défendu que par de simples crénelages. On y voit de distance en distance de grosses tours pour la plupart carrées. Ces tours sont ouvertes du côté de la ville, et n'auraient pu tenir du moment que l'ennemi se serait introduit dans la cité.

Sept portes, auxquelles il faut joindre les trois brèches faites aux remparts depuis 1841, servent d'issue à la ville. Pratiquées dans la partie inférieure d'une seule tour carrée, elles ont perdu, toutes les sept, leur physionomie première; et c'est à peine si l'œil exercé d'un archéologue en retrouvera des traces dans le plein cintre qui fut introduit, sur la fin du XVII° siècle, dans l'arc ogival primitif.

Ces portes, de même que les brèches, ont chacune leur nom. En suivant la rue Bonaparte, on sort par la brèche du *Chemin de fer*; et, en tournant sur la droite, on rencontre successivement la porte *Saint Roch*, la brèche *Saint Dominique*, la porte de l'*Oulle*, la porte du *Rhône*, la brèche ou escalier du *Rocher*, la porte de la

Ligne, la porte *Saint Lazare*, la porte *l'Imbert*, et la porte *Saint Michel*.

Sur le flanc oriental de cette dernière porte, on voit un espèce d'arc de triomphe qui porte cette inscription:

P. O. M. INNOCENTIO XI.

Cet arc de triomphe était autrefois la sortie de la porte saint Michel. Il avait été dédié au pape Innocent XI, pour perpétuer le souvenir de l'institution du tribunal de commerce que, le 8 décembre 1678, ce pontife permit d'établir à Avignon pour le jugement des causes mercantiles.

Entre la porte saint Roch et la porte l'Imbert, la route est ombragée par de grands arbres : elle était autrefois, sous le nom de *Cours*, la première promenade de la ville. De nos jours, elle n'est plus fréquentée qu'en hiver. Pendant les chaleurs accablantes de l'été, la population avignonaise préfère les vertes et fraîches allées de la porte de l'Oulle.

Les anciens fossés sont comblés dans presque toute leur étendue; ce n'est qu'entre la porte de l'Oulle et celle de saint Roch qu'ils servent encore de lit aux eaux du canal de Vaucluse. Sur plusieurs points même, ils sont occupés par des maisons qui dérobent entièrement à la vue le rempart sur lequel elles s'étayent.

Assurément les fortifications d'Avignon ne sauraient opposer une sérieuse résistance aux moyens puissants de destruction inventés de nos jours par le génie militaire. Cependant, quelle que soit leur faiblesse, elles ont mis plus d'une fois la ville à l'abri d'un coup de main, au mois de décembre 1851, par exemple. Elles sont aussi une digue presque insubmersible contre les inondations du Rhône. Tout le monde sait que, le 31 mai 1856, les flots dévastateurs, après s'être vainement brisés contre nos remparts pendant deux jours entiers, ne purent pénétrer dans la ville qu'à travers la brèche formée par la chûte inattendue de quelques mètres de murailles.

Grossi par des pluies abondantes ou par la fonte des neiges, le Rhône franchit quelquefois ses rivages; et, promenant la dévastation dans les campagnes, il fait oublier en un instant, par des désastres épouvantables, les bienfaits que ses eaux avaient répandus sur ses bords pendant plusieurs années. Heureusement ces évènements sont loin d'être aussi fréquents qu'on pourrait le croire. De 1226 à 1856, c'est-à-dire pendant une période de plus de six siècles, l'histoire ne nous a conservé le souvenir que de vingt-neuf inondations. Celle de 1362, de 1433, de 1471, de 1548, de 1580, de 1674, de 1745, de 1755, de 1840 et de 1856 furent les plus terribles.

II

La Gare du Chemin de Fer.

La station d'Avignon est une station *hors-classe* de la ligne du chemin de fer de Lyon à la Méditerranée. Elle est éloignée de la station de Lyon de 232 kilomètres et de 123 kilomètres de celle de Marseille. Et, comme le chemin de fer de Paris à Lyon a une longueur totale de 512 kilomètres, il s'ensuit qu'Avignon se trouve relié à la capitale par une ligne non interrompue de *rail-vvays* de 744 kilomètres (1).

(1) Il part chaque jour d'Avignon, par les trains de montée ou par ceux de descente plus de 800 voyageurs.

La *Gare d'Avignon* a l'aspect d'un chalet suisse; elle s'élève au-dessus d'un tertre de verdure, auquel on monte, au milieu de jardins anglais, par une double rampe bordée de peupliers d'Italie et arrosée d'eaux fraîches et limpides. Ses salles d'attente sont parfaitement entretenues. Son buffet jouit d'une excellente réputation : il est tenu par M. Campé ainé, dont les gourmets Avignonais apprécient depuis longtemps les services gastronomiques.

La gare des marchandises est à peu de distance de celle des voyageurs. Elle est grande et spacieuse; et il y règne un mouvement considérable.

III

La Caserne de Cavalerie.

La *Caserne de cavalerie* occupe l'emplacement de l'ancien hôpital saint Roch. Elle peut loger deux escadrons et un dépôt. Les écuries au levant et au couchant ont été construites en 1833.

L'hôpital saint Roch était destiné aux pestiférés : il fut fondé, en 1580, par Thomas de Gadagne, gentilhomme florentin établi à Avignon. Autrefois, à cause de l'insuffisance des précautions sanitaires, la peste faisait en Provence de fréquents ravages. Elle s'introduisait ordinairement par les ports de la Méditerranée, que les affaires commerciales mettent en communication continuelle avec les Echelles du Levant. Par sa proximité avec Marseille, Avignon fut souvent désolée par ce fléau redoutable. En 1348, vingt mille de ses habitants succombèrent aux atteintes de la *peste noire*, en 1361, il y eut dix-sept mille morts; quatre mille quatre cent, en 1521; deux mille huit cent trente-cinq, en 1629; et six mille soixante-quatre, du 12 septembre 1721 au 19 août 1722.

IV

Le Pont saint Bénézet.

Suivant la tradition la plus généralement répandue, saint Bénézet naquit au Villard, petite bourgade cachée dans les montagnes du Vivarais, vers l'année 1165, sous le pontificat d'Alexandre III, et le règne de Frédéric Barberousse. Il reçut à sa naissance le nom de Benoît, d'où est dérivé le nom de Bénézet, *petit Benoît*, par lequel il fut appelé.

Ses premières années se passèrent, comme celles de tous les enfants de la campagne, sous l'humble toit de chaume qui l'avait vu naître. Il perdit son père de bonne heure, et il fut obligé, pour venir en aide à la pauvreté de sa mère, de garder lui-même les quelques brebis qui faisaient toute sa richesse.

Vers l'an 1177, le 13e jour du mois de septembre, Bénézet faisait paître son petit troupeau sur les collines, lorsqu'eut lieu une éclipse totale de soleil. Tout-à-coup, au milieu de l'obscurité, ces mots retentissent dans les airs : « Bénézet, mon fils, écoute la voix de J.-C. » L'enfant tremblant répondit: « Où êtes-vous, Seigneur? J'entends vos paroles et je ne vois personne. — N'aie pas peur, reprit la voix : je suis celui qui ai créé d'un seul mot le ciel, la terre, la mer et tout ce qu'ils renferment. — Seigneur, que voulez-vous de moi ? — Je veux que tu laisses les brebis de ta mère et que tu bâtisse un Pont sur le Rhône. — Seigneur, je ne sais où est le Rhône, et je n'ose abandonner le troupeau de ma mère. — Je t'ai dit de ne rien craindre : je ramènerai tes brebis à l'étable, et je te ferai conduire vers le Rhône. — Seigneur, je n'ai que trois oboles; comment bâtirai-je un pont? — Tu le sauras, mon fils; mets-toi en route. »

Bénézet obéit et partit à l'instant par le premier sentier qui s'ouvrait devant lui. Bientôt un Ange se présente à lui sous un habit de pèlerin, le bourdon à la main et la besace au dos, et il lui dit : « Viens sans crainte avec moi, mon enfant : je te conduirai à l'endroit où tu dois bâtir un pont au Seigneur. »

Et en peu de temps, ils arrivèrent bientôt tous deux au bord du Rhône. A la vue de la largeur du fleuve, l'enfant fut effrayé et s'écria qu'il ne pourrait jamais jeter un pont d'une rive à l'autre. « Ne crains rien, lui répondit l'Ange; l'esprit de Dieu est avec toi. Vois là-bas cette barque : le batelier te fera traverser le Rhône ; et tu arriveras à Avignon, où tu feras connaître ta mission à l'Evêque et au peuple. » A ces mots, l'ange disparut.

Bénézet se dirigea vers la barque et pria le batelier de le passer sur l'autre rive pour l'amour de Dieu et de sa sainte Mère. Cet homme était Juif; il répondit à l'enfant : « Si tu veux passer, donne-moi trois deniers. » Bénézet le supplia encore une fois au nom du Seigneur Jésus et de la Vierge Marie de le transporter à l'autre bord ; mais le Juif inexorable lui répliqua : « Je me soucie fort peu de ta Vierge Marie ; j'aime mieux trois deniers. » L'enfant lui donna alors ses trois oboles;

le batelier s'en contenta, faute de mieux, et l'ayant pris sur sa barque, il le déposa quelques moments après sous les murs d'Avignon.

Bénézet se rendit de suite à l'Église de Notre-Dame, où il trouva l'évêque Pons, expliquant au peuple la parole de Dieu. L'interrompant aussitôt, d'une voix haute et ferme il s'écria : « Ecoutez-tous, et prêtez l'oreille : le Seigneur m'envoie dans cette ville pour jeter un pont sur le Rhône. »

L'évêque examinant la tournure de l'enfant, l'adressa au Viguier pour qu'on le châtiât comme un malfaiteur. Bénézet se présenta avec assurance devant le magistrat. « Le Seigneur, lui dit-il, m'envoie dans cette ville pour construire un pont sur le Rhône. » — « Comment un personnage aussi vil que toi, répliqua le Viguier, peut-il se vanter de faire ce que les Romains et même Charlemagne, le grand Empereur, n'ont osé entreprendre ? Cependant, comme les ponts se construisent avec des pierres, je vais te donner une pierre que j'ai dans mon palais ; si tu peux la porter et même la remuer, je croirai alors en ta mission. »

Bénézet, plein de confiance en Dieu, retourna vers l'Évêque pour lui rendre compte de son entrevue avec le Viguier. — « Allons, lui dit le Pontife, et voyons la merveille que tu nous annonces. » — Et, suivis de tout le peuple, ils se rendirent au palais du Viguier. Là, Bénézet se mit à genoux et resta quelques instants en prières ; ensuite se relevant, il s'approcha d'une énorme pierre, et ayant fait le signe de la croix, il la chargea sur ses épaules avec la même facilité que s'il se fût agi d'un petit caillou ; puis il la porta à travers la foule jusqu'au bord du Rhône pour en faire la fondation de la première arche du Pont.

A cette vue, tout le peuple fut saisi d'admiration et s'écria dans un transport d'allégresse : *Que le Seigneur est grand et puissant dans ses œuvres !* Le Viguier lui-même tomba aux genoux du jeune Bénézet, lui baisa les pieds et les mains et lui donna 300 sous d'or pour la construction de son pont. Cet exemple de générosité trouva sur le champ des imitateurs, et, en quelques instants, les dons de la foule s'élevèrent à 5 mille sous.

Dieu signala cette journée par d'autres prodiges : Bénézet, au nom du Seigneur, rendit la vue à des aveugles, l'ouïe à des sourds, et redressa dix-huit boiteux.

Voilà dans toute sa simplicité la poétique et populaire légende de saint Bénézet. Nous l'avons donnée telle que nous l'ont transmise les souvenirs de nos pères et les histoires de nos contrées, telle que nous l'avons trouvée relatée sur un vieux parchemin des Archives de notre ville.

Les annales avignonaises nous apprennent ensuite que Bénézet ne put voir l'entier achèvement de son œuvre : il mourut en 1184. Le Pont fut terminé en 1188 ; il avait 1840 pas de longueur sur 5 de largeur seulement, et il était porté par dix-neuf arches. Vers le milieu, il brisait la ligne droite et décrivait une courbe en se dirigeant vers Villeneuve.

Entre la pile qui sépare la seconde arche de la troisième s'élève la chapelle où le saint berger voulut être enterré. Elle est comme suspendue au-dessus du fleuve. Son architecture dénote aisément l'époque de sa fondation : elle est romane et n'a pour tout ornement que les chapiteaux des colonnes qui décorent son abside et les modillons qui sont placés à l'extérieur de ses fenêtres. Au XVe siècle, on eut le mauvais goût de couper ce sanctuaire en deux parties, par un plancher parallèle à sa base, afin d'avoir deux chapelles, l'une de niveau avec le passage du pont, et l'autre au-dessous reposant sur les piles. Cela explique comment la chapelle supérieure, qui a conservé la voûte de la chapelle primitive, est romane dans sa nef et gothique dans son abside, tandis que la chapelle inférieure qui comprend l'abside primitive, est au contraire romane dans son abside et ogivale dans sa nef.

Les guerres désastreuses de la fin du grand schisme d'Occident et la violence impétueuse du Rhône concoururent à la ruine du Pont. Les Catalans et les Aragonais le coupèrent, en 1395, pendant le siège du palais. Trois arcades croulèrent en 1602; vingt-neuf ans après, il en tomba deux autres; et pendant l'hiver si rigoureux de 1669, les glaces charriées par le fleuve emportèrent deux nouvelles arches.

Quatre arcades seulement sont encore debout aujourd'hui; et le Pont ne mesure plus qu'une longueur totale de 170 mètres environ.

En aval, un pont en fil de fer met la ville en communication avec l'île de la Barthelasse. Ce pont a remplacé, en 1841, un vieux pont de bois dont il existe encore une partie sur la grande branche du Rhône, du côté de Villeneuve-lez-Avignon.

V.

L'Hospice Isnard.

Le 19 août 1845, M. François-Balthazar-Sixte Isnard, négociant, mourait à Avignon, laissant cette ville héritière de son immense fortune.

« Après avoir, dit-il dans son testament du 18 octobre 1841, après avoir bien mûrement réfléchi sur ce que je pouvais faire d'utile pour mon pays, je me suis arrêté à l'idée de fonder un Hospice de bienfaisance en faveur de la classe qui m'a aidé à acquérir ma fortune, et d'appliquer à sa fondation la plus grande partie de ce que je possède.

» Cet hospice sera spécialement destiné à recevoir gratuitement, comme pensionnaires, tel nombre d'ouvriers taffetassiers et garanciers que mon avoir pourra permettre de fixer. Dans le nombre des pensionnaires admis seront compris les négociants ruinés et les commis-négociants malheureux, devenus incapables de pourvoir à leur existence par leur travail.

» Je destine pour la fondation de cet hospice le domaine que je possède sur la route de Marseille, situé immédiatement après la limite de l'Octroi, connu sous le nom de *la Triade*. »

La dernière volonté de M. Sixte Isnard a été scrupuleusement exécutée. La ville d'Avignon, son héritière, a ouvert, le 1er janvier 1853, sur le domaine de *la Triade*, un magnifique Hospice en faveur des ouvriers en soieries et en garance, des négociants ruinés et des commis-négociants malheureux.

La construction de ce nouvel établissement de bienfaisance a été faite sur les dessins de M. Jules Duchesne, ingénieur civil, mort ensuite au service du Bey de Tunis. Ses bâtiments d'une architecture simple et régulière forment un vaste corps-de-logis prolongé par deux ailes qui le relient à une chapelle.

Le service intérieur de l'Hospice est confié à six religieuses de saint Charles, conformément aux intentions du fondateur. Le nombre des pensionnaires qui n'était que de 60 à l'ouverture de l'établissement, s'élève aujourd'hui à 90.

CHAPITRE QUATRIÈME.

MONUMENTS DE LA BANLIEUE D'AVIGNON.

La banlieue d'Avignon comprend presque tout entière la plaine si vaste et si fertile qui s'étend depuis les bords de l'Ouvèze jusqu'aux rives de la Durance, en côtoyant d'une part le Rhône, et de l'autre les collines de Châteauneuf-de-Gadagne. Elle possède quelques monuments qui sont de nature à intéresser les visiteurs.

I

Ancienne Abbaye de Saint Véran.

L'Abbaye de *saint Véran* est située sur la route de Lyon, à un kilomètre seulement de la Porte saint Lazare : elle fut fondée, en 1140, sous le titre du saint évêque de Cavaillon, par Guigues, comte de Forcalquier. Les religieuses, qui l'habitaient, suivaient la règle de saint Benoît. En 1537, lorsque François Ier envahit le Comtat, elles abandonnèrent leur monastère et se retirèrent dans l'intérieur même de la ville, à Saint-Jean-le-Vieux. Plus tard, elles furent unies aux Dominicaines, par le pape Grégoire XIII ; et elles vinrent s'établir avec elles au couvent de sainte Praxède, rue Calade.

La petite église de saint Véran est du commencement du XIVe siècle : deux chapelles ogivales s'ouvrent de chaque côté dans son unique nef. On a découvert, ces dernières années, sous un épais badigeon les restes des belles fresques qui la décoraient autrefois.

Non loin de là, se trouve le Cimetière de la ville qui porte aussi le nom de *saint Véran*. Nous n'oserons point sans doute le comparer aux champs funèbres du Père-Lachaise et de Loyasse. Toutefois le voyageur ne dédaignera pas d'admirer quelques-uns de ses monuments. Le silence et la paix qui l'environnent lui paraîtront-ils du moins convenir mieux à la demeure des morts que ce tumulte des foules qui trouble la majesté de cimetières plus célèbres.

II

Le Pontet.

Le Pontet est un bourg de la banlieue d'Avignon, à 5 kilomètres de cette ville. Il n'a pas encore vingt années d'existence, et il compte déjà plus de 1,600 habitants.

Ce chiffre indique assez l'importance de ce petit centre de population qui prend chaque jour un nouvel accroissement. Plusieurs usines à garance, des fabriques d'acide sulphurique, des filatures de soie y sont établies et fonctionnent avec la plus grande activité. Son port sur le Rhône est encombré de bateaux chargés des charbons de Givors ou de la Grand'Combe; et les divers convois du Chemin de Fer de Lyon à la Méditerranée versent en abondance, dans sa Gare, des marchandises de toute espèce.

L'Église du Pontet est de récente date. Elle s'élève élégante et grâcieuse, à l'extrémité du bourg, au fond d'une petite place complantée d'arbres et ornée d'une belle croix en pierre. Deux jolies constructions uniformes s'appuient à son chevet; l'une, celle de droite, est la demeure du curé; l'autre, celle de gauche, sert d'école aux Frères Maristes. Sa triple nef, dont le plan, les dispositions et les ornements semblent empruntées aux cartons de Vignole, fait honneur aux habitants du Pontet qui spontanément voulurent se charger d'une partie des frais de sa bâtisse. Elle est ornée de quelques tableaux, entr'autres d'une *N.-D. Auxiliatrice*, dû au pinceau de M. Joseph Aubanel d'Avignon.

Outre le Chemin de Fer de Lyon à la Méditerranée, il y a entre Avignon et le Pontet, un service spécial et journalier d'Omnibus. Les voitures d'Orange, de Sorgues et de Carpentras s'arrêtent au Pontet, et prennent des voyageurs à cette destination.

III

Le bourg de Morières.

Le *bourg de Morières* fait aussi partie de la commune d'Avignon : il est séparé de la ville par une distance de 10 kilom. Sa population, livrée entièrement aux travaux agricoles, est de 1,800 âmes environ. Ce bourg n'offre rien de remarquable. On y voit plusieurs filatures de soie ; et ses jardins sont arrosés par les eaux du canal Crillon.

Les diligences de l'Isle, celles d'Apt et celles de Digne desservent Morières et facilitent ainsi les communications de ce bourg avec la ville d'Avignon.

Morières est la patrie de César Verdier, né en 1685,

et mort en 1759. Verdier était un habile chirurgien : il fut démonstrateur royal d'anatomie à Paris, et membre de l'Académie de médecine. On lui doit plusieurs ouvrages estimés et de nombreux mémoires sur l'art qu'il professait avec tant de distinction.

IV

Montfavet.

L'église de *Montfavet* est au centre de la plaine d'Avignon, à 6 kilomètres de cette ville. Les riches métairies et les délicieuses *villa* qui l'entourent fournissent une population fixe de plus de 2,000 âmes, population qui est doublée, chaque dimanche, par l'arrivée de nombreuses familles avignonaises venant chercher sous les ombrages frais un abri contre les brûlantes ardeurs de l'été et les chaleurs étouffantes de l'automne.

L'église de Montfavet, avec l'ancien monastère qui lui est attenant, fut fondée, vers 1330, sous le titre de **N.-D. de Bon-Repos**, par Bertrand de Montefaventio, cardinal-diacre du titre de Sainte-Marie *in Aquiro*, et neveu du pape Jean XXII. Elle fut confiée, par son fondateur, aux moines de l'abbaye de saint Ruf, qui la desservirent jusqu'à l'époque des guerres excitées par l'obstination du fameux anti pape Pierre de Luna. Elle reçut alors une destination tout-à-fait militaire : ses tours et leurs créneaux en firent un des postes les mieux fortifiés des environs. Elle fut ensuite entièrement abandonnée pendant soixante-douze ans. En 1442 seulement, les consuls d'Avignon songèrent à remédier à ce triste état de choses, et ils obtinrent du pape Nicolas V que le bénéfice de Montfavet serait uni et incorporé à l'œuvre du Pont-Saint-Bénézet, *à la charge par eux de faire faire à perpétuité le divin service dans cette église.* Jusqu'en 1613, ils pourvurent au service religieux de Montfavet en donnant une subvention à un prêtre de la ville qui s'y rendait le Dimanche pour célébrer les offices de l'église. En 1613, ils décidèrent que ce service serait fait à l'avenir par des moines mendiants d'Avignon, et ils installèrent, en conséquence, au couvent de Montfavet une communauté de Récollets. Ces religieux, ayant négligé de remplir certaines obligations qui leur avaient été imposées, furent remplacés, en 1759, par des Capucins ; et ces derniers restèrent jusqu'à la révolution française chargés de l'administration paroissiale de cette église.

En confiant à ces communautés la garde de Montfavet, la ville d'Avignon avait conservé, sur ce monument, tous les droits de propriété que lui avait attribués Nicolas V ; aussi n'a t-on point à déplorer pour cette église les dévastations et les actes de vandalisme qui marquèrent la fin du dernier siècle. Le culte religieux cessa sous ses voûtes, il est vrai ; mais tout y fut respecté : les autels, les tableaux, les reliquaires et tous les autres ornements qui décoraient la nef restèrent à leur place. Au rétablissement du culte, l'église de Montfavet fut ouverte comme annexe de l'église saint Agricol d'Avignon. En 1840, elle fut érigée en succursale de cette même église ; et aujourd'hui elle est confiée à un desservant assisté d'un vicaire.

L'église de Montfavet a 41 mètres de longueur sur une largeur de 12 mètres. Elle est construite dans ce style ogival sévère et presque sans ornements qui distingue toutes les églises d'Avignon bâties au XIV⁰ siècle. Six chapelles ogivales aussi s'ouvrent de chaque côté dans la nef. L'abside, plus basse et plus retrécie que la nef, est éclairée par cinq fenêtres géminées au moyen d'un meneau et surmontées d'un *quatre-feuilles*. L'arc triomphal, comme tous ceux de notre pays, est orné d'une rose ; et à l'extrémité opposée et correspondante de l'église s'ouvre une autre rose rayonnante à huit meneaux se raccordant en trilobes et terminés par des trèfles. La voûte offre une ossature peu compliquée ; mais en revanche, elle est d'une hardiesse et d'une légèreté vraiment remarquables. Par un privilège peut-être unique dans les fastes archéologiques de nos contrées, les autels primitifs du XIV⁰ siècle existent encore à Montfavet : ces autels sont à table rase supportés par des piliers ou des colonnes de différentes formes et proportions.

Malheureusement, au XVII⁰ siècle, le mauvais goût altéra et dénatura cette belle architecture. Sans parler d'un badigeon jaunâtre qui encroûte les murs et la voûte, on voit avec peine les autels primitifs entièrement cachés sous de mesquins autels en bois peint et doré, les murs des chapelles latérales tapissés de boiseries grecques, des briques minces substituées aux larges dalles anciennes, les croisées du nord dépouillées de leurs meneaux et de leurs lobes et remplies par une ignoble maçonnerie, celles du midi transformées en lourdes fenêtres carrées, etc. La flèche si gracieuse et si svelte du clocher, disparut, il y a une centaine d'années, devant je ne sais quelle exigence; et, à sa place, s'élevait avant l'application de l'électricité à la télégraphie, la massive station d'un télégraphe aérien. Il est fort heureux que l'église de Montfavet ait été confiée dans ces derniers temps à des desservants qui, animés par un amour sincère et éclairé de l'art, n'ont rien négligé pour la mettre à l'abri des réparations inintelligentes et des restaurations destructives. C'est grâce à eux que l'attention des archéologues a été appelée sur ce beau monument si intéressant au triple point de vue de l'utilité, de l'art et de l'histoire. Par leurs soins, la *Chronique de Montfavet* a été publiée ; trois beaux vitraux décorent le fond de l'abside ; la rosace de l'arc triomphal a recouvré ses meneaux et ses rayons et a été ornée, avec celle qui lui fait face, d'une verrière de maître ; trois chapelles du côté droit ont reçu chacune leur vitrail ; l'abside a été dépouillée de son badigeon ; à plusieurs endroits, la dalle a remplacé la brique ; les boiseries grecques ont disparu de plusieurs chapelles ; l'ancienne porte ogivale, qui menait de l'église au monastère, a été découverte et dégagée de la maçonnerie qui la cachait, etc.

Il y a dans l'église de Montfavet quelques bonnes toiles, toutes malheureusement sans signature. Nous citerons notamment dans la troisième chapelle à gauche, une *Adoration des Bergers à la crèche*, qui rappelle assez le pinceau de Simon de Châlons, et un *saint Antoine de Padoue* ; dans la seconde chapelle du même côté, *le cardinal de Montefaventio offrant son Eglise à la sainte Vierge*, et *saint Dominique recevant le Rosaire* ; vers les Fonts-Baptismaux, deux petits tableaux de *St-Agricol* et de *St-Ruf* qui paraissent très-anciens.

Dans la chapelle dite de *saint Nicolas*, une table de marbre, sur laquelle est gravée la figure d'un chevalier armé de toutes pièces, couvre la sépulture de Pierre de Cohorn, chambellan et généralissime de Christiern de Suède. Cet illustre personnage, exilé et proscrit à la suite des troubles politiques qui désolèrent sa patrie vers le milieu du XV⁰ siècle, se retira à Avignon, auprès de son ami, l'archevêque Julien de la Rovère, depuis pape sous le nom de Jules II. Il mourut à Montfavet, le 10 juillet 1479.

Sur l'imposte de la porte d'entrée on voit deux groupes représentant vingt-cinq moines de saint Ruf à genoux, les mains et les yeux levés vers le ciel. Ce bas-relief est très-beau, et il est à regretter que la plupart des figures des moines aient été mutilées par le vandalisme innocent des enfants du voisinage.

Montfavet, on l'a dit quelquefois, est pour les Avignonais ce que le Bois de Boulogne est pour les Parisiens. Le mot est vrai : Montfavet est pour la plupart de nos concitoyens le siège des plaisirs champêtres, le lieu de tous les rendez-vous d'été et le séjour le plus agréable pour la saison des villégiatures. Chaque jour, deux fois en hiver, et quatre fois en été, des Omnibus font le service entre Avignon et Montfavet.

V

La Tour d'Espagne et le Mont-de-Vergues.

L'Eglise de Montfavet s'élève entre deux monastères de religieuses, dont on aperçoit encore les ruines, la Tour d'Espagne et le Mont-de-Vergues.

1° La *Tour d'Espagne*, dont il ne reste plus que le bas du clocher et deux chapelles ogivales, était une abbaye de religieuses Dominicaines. Elle fut bâtie, en 1348, par le cardinal Gomez de Barosso, évêque de

Carthagène. Ce prince de l'Eglise, espagnol de naissance, n'était appelé à la cour pontificale d'Avignon que le *Cardinal d'Espagne*; aussi le monastère qu'il avait fondé, et qui se faisait principalement remarquer par une haute et belle tour octogone, ne fut-il plus connu dans la contrée que sous le nom de *Tour d'Espagne*.

Les religieuses Dominicaines y séjournèrent fort peu de temps. En 1409, effrayées par les troubles du schisme d'Occident, elles vinrent se réfugier au milieu même de la ville, près de l'Eglise saint Agricol, dans le palais que leur avait légué un autre cardinal, Guillaume le Juge, neveu de Clément VI.

La Tour d'Espagne fut entièrement abandonnée; on laissa même ses bâtiments tomber en ruines. Pour faire cesser ce déplorable état de choses qui constituait presque un scandale véritable, la cour de Rome ordonna que les pierres du monastère seraient transportées à Avignon et qu'elles seraient consacrées à la réparation des édifices religieux.

2° Le *Mont-de-Vergues*, appelé par les Romains *Mons Lavenicus*, est une petite colline éloignée d'un kilomètre seulement de l'Eglise de Montfavet. Son nom, qui n'est qu'une corruption de *Mont des Vierges*, vient d'une abbaye de Bénédictines.

Cette abbaye était dédiée à sainte Catherine d'Alexandrie; elle devait sa fondation à la comtesse Odda qui l'avait fait bâtir, en 1060, sur le point culminant de la colline. Vers 1149, saint Bernard, abbé de Clairvaux, réforma les dames de sainte Catherine et leur fit adopter le costume et la règle de Cîteaux. En 1254, Zoën, évêque d'Avignon, craignant pour la sûreté de ces religieuses, les appela dans la ville et les installa près de l'église saint Symphorien.

Des bâtiments de l'ancien monastère de Mont-de-Vergues, il n'y a plus aujourd'hui qu'une petite chapelle commandée par une tour carrée. Au bas de la colline, vers le nord-ouest, se construit, en ce moment, comme nous l'avons déjà dit à la page 45, un magnifique hospice pour les aliénés.

VI

La Chartreuse de Bonpas.

En 731, sous l'évêque Jean II, la ville d'Avignon fut prise par les Sarrazins. « Lorsque ces infidèles, dit Nouguier (1), voulurent entrer du côté de Provence dans les terres d'Avignon, la noblesse de la ville et le peuple tâchèrent de s'opposer à leur passage, proche la Durance; mais le plus grand nombre de ces Sarrazins prévalut à la générosité de nos citoyens qui furent vaincus, et beaucoup d'eux tués dans cette infortunée rencontre qui donna le nom à ce lieu de *Maupas*. Mais la ville, délivrée de la tyrannie de ces barbares, en mémoire de la glorieuse mort de ses habitants, fit dresser une chapelle au même lieu où reposaient les os de ces illustres champions de la foi, avec cette marque éternelle de leur magnanimité : *Sepultura nobilium Avenionensium qui occubuerunt in bello contra Sarracenos* — Sépulture des nobles Avignonais qui succombèrent dans la guerre contre les Sarrazins. »

(1) *Hist. chronol. de l'Eglise, archev. et évesq. d'Avignon.*

Plusieurs historiens rapportent qu'il s'établit plus tard à *Maupas* une bande de voleurs, détroussant et assassinant impunément les malheureux voyageurs qui se hasardaient à passer la Durance. Ce brigandage ne cessa qu'à l'arrivée d'un solitaire appelé *Libertus*, venu de fort loin, disent-ils, pour bâtir en ces lieux un ermitage et secourir les passants. Libertus éleva, en 1176, à côté de sa demeure, une église en l'honneur de la Vierge Marie. Il réunit bientôt, autour de lui, de nombreux disciples qui s'occupèrent de la construction d'un Pont sur la Durance en cet endroit dangereux. Grâce à leur dévouement, *Maupas* prit alors le nom de *Bonpas*.

En 1270, ces religieux s'affilièrent à l'institut des Frères Pontifes que saint Bénézet avait fondé à Avignon. Ils s'en séparèrent plus tard; et, en 1284, sur l'injonction du pape Nicolas III, Pierre d'Agalon, commandeur des Hospitaliers de Saint Jean-de-Jérusalem d'Avignon, vint prendre possession du couvent de Bonpas. Mais, en 1320, le pape Jean XXII autorisa les Hospitaliers à le céder, avec ses dépendances, à l'ordre des Chartreux.

Au milieu du dernier siècle, on conçut à Bonpas un projet de la plus haute importance : il s'agissait d'élever une double digue sur chacune des rives de la Durance, depuis le village de Mirabeau jusqu'au confluent de cette rivière avec le Rhône au-dessous d'Avignon.

Les Chartreux se chargeaient seuls de l'entreprise, et à leurs risques et périls, à cette condition toutefois que les terrains qu'ils gagneraient sur le lit de la Durance leur appartiendraient en toute propriété. Ils soumirent leur plan à la cour de France ; mais leur plan ne fut point agréé : perte immense pour les propriétés voisines de la rivière qui auraient été ainsi mises à l'abri de ses envahissements désastreux.

Les Chartreux ne s'offensèrent point du refus ; et ils continuèrent à occuper paisiblement le couvent de Bonpas jusqu'à la révolution française.

Admirablement située à 12 kilomètres d'Avignon, en face des montagnes de Provence, sur le penchant d'une colline verte et riante qui domine la route de Marseille et le lit inconstant de la Durance, la Chartreuse de Bonpas ressemble de loin à une place forte. Ses murs de clôture sont encore debout avec leurs tourelles d'angles que l'on dirait empruntées à quelque ancienne commanderie des chevaliers du Temple. Sa porte principale a conservé les machicoulis, les tours et l'échoguette qui en défendaient l'entrée. Mais le reste du couvent, à part les caves, quelques terrasses et le réfectoire à moitié creusé dans le rocher, est loin d'avoir été respecté : l'élégante église des Chartreux, leur salle capitulaire, leurs cloîtres et leurs cellules ont disparu.

L'antique chapelle des Frères Pontifes sert d'écurie et de bûcher ; c'est un des plus magnifiques morceaux, un des plus rares spécimens que nous possédions de la belle architecture du XIIe siècle : ses murs sans ornements et ses rares fenêtres lui donnent à l'extérieur l'aspect d'une véritable fortification. A en croire une vieille tradition, elle serait bâtie sur la tombe des nobles Avignonais qui succombèrent, en 731, sous les coups des Sarrazins. Une pente douce la met en communication avec une petite crypte taillée en grande partie dans le roc.

A quelques pas de l'entrée de la Chartreuse, quelques maisons, dont l'une est occupée par la brigade de gendarmerie à cheval, forment un petit hameau qui dépend encore de la commune d'Avignon et qui a reçu aussi le nom de *Bonpas*. C'est là que vient aboutir le pont de bois de 47 arches, qui fait partie de la route impériale n° 7, de Paris à Antibes. M. Jules Courtet, dans son *Dictionnaire des communes du département de Vaucluse*, raconte que Napoléon Ier traversant le Pont de Bonpas pour se rendre à l'île d'Elbe, s'écria en regardant la Chartreuse : « Dans un autre siècle, un caprice du destin m'aurait, peut-être, jeté dans ce cloître; là encore, je me serais fait un place. Le catholicisme remuait alors le monde. Toutes ces aggrégations de moines étaient autant de régiments : on pouvait en devenir le chef. »

VII

L'Abbaye de saint Ruf.

L'abbaye de *saint Ruf* était un des premiers monastères du midi de la France. L'ensemble de son architecture avait cela de particulier, que, tout en présentant les caractères principaux et distinctifs du style roman, il rappelait les formes antiques grecques et latines. Son cloître offrait une collection de marbres précieux autant par la matière que par la délicatesse et le fini du travail : la salle du moyen-âge, au Musée-Calvet, renferme quelques-unes de ses colonnes avec leurs chapiteaux historiés de forme singulière. Malheureusement l'abbaye a été détruite presque de fond en comble; les trois absides, le transept et le clocher, qui seuls ont survécu à la ruine de son église, font regretter plus vivement encore par leur riche ornementation la perte de ces belles constructions. Le clocher est regardé comme le type du petit clocher roman de Provence. Tout autour de l'abside principale, on remarque à l'intérieur l'humble hémicycle de pierre sur lequel siégeaient les religieux aux jours des grandes solennités de l'Eglise.

L'abbaye de saint Ruf est à 2 kilomètres de la porte saint Michel, sur la route de Tarascon. Sa fondation remonte à la plus haute antiquité. On dit que, sur la fin du premier siècle de l'ère chrétienne, saint Ruf, premier évêque d'Avignon, fit construire une église et un couvent hors les murs de cette ville, non loin des bords de la Durance, et qu'il s'y retira avec quelques-uns de ses prêtres pour mener une vie austère et pénitente. En 1038, quatre chanoines réguliers de saint Augustin de la cathédrale d'Avignon, Pontius, Arnauld, Odilon et Durand, ayant résolu de vivre dans la solitude, obtinrent de l'évêque Benoît cette église et ce couvent. Ils y jetèrent les fondements de l'ordre des chanoines réguliers de saint Ruf.

En 1210, lorsque les Albigeois s'avancèrent sur Avignon, sous la conduite de Raymond VI, comte de Toulouse, les moines de saint Ruf quittèrent leur monastère devant ces hérétiques, et ils se retirèrent, pour être plus en sûreté, dans l'île d'Eparvière, vis-à-vis de Valence, en Dauphiné.

L'abbaye de saint Ruf d'Avignon est très-célèbre dans les fastes ecclésiastiques. Deux de ses abbés sont montés sur la chaire de saint Pierre, l'italien Conrard, en 1153, sous le nom d'Anastase IV, et l'anglais Nicolas Breakpeare, en 1154, sous le nom d'Adrien IV. Jules II, étant archevêque d'Avignon, en avait été aussi abbé, mais seulement abbé commendataire.

Au XIVe siècle, il se tint, à saint Ruf, deux conciles provinciaux, justement fameux dans les annales de nos contrées; celui de 1326, était présidé par Gasbert de Laval, légat du Pape; et celui de 1337, par les archevêques d'Aix, d'Arles et d'Embrun.

VIII

Les Iles du Rhône.

Nous ne quitterons point la banlieue d'Avignon sans jeter un coup-d'œil sur les îles du Rhône qui viennent d'être réunies au territoire de cette ville, l'*île de Piot* et *la Barthelasse*. Ces deux îles n'en font plus qu'une seule aujourd'hui, grâce à la chaussée qui met en communication directe le pont suspendu jeté sur la petite branche du Rhône et le vieux pont de bois établi sur la grande branche. Elles sont très-fertiles : leur vaste territoire, qui comprend près d'un millier d'hectares, a été comparé avec raison à une immense ferme-modèle; tant est perfectionnée la culture qui en exploite le sol.

Il est souvent question de ces îles dans l'Histoire d'Avignon; elles n'ont point toujours été cependant aussi importantes que maintenant. Formée par les alluvions successives du Rhône et augmentée par ses crues annuelles, la Barthelasse s'est soudée successivement aux divers ilots qui encombrait le lit du fleuve, tels que l'île du Mouton, celle du Moutonnet, celle du Château-Sablier, celle du Contrat, celle d'Argenton, etc. Elle était appelée primitivement l'île *Mayranica*; et c'est sous cette dénomination qu'elle fut donnée, en 1033, à l'église cathédrale d'Avignon, par les comtes Geoffroy et Bertrand. Elle fut, au XIIIe siècle, inféodée à Richard Bartelaccius, riche boulanger, qui la céda à un noble

Lucquois, réfugié à Avignon. Ce dernier la vendit à son tour à une branche de la famille de Fogasse, qui ajouta dès-lors à tous ses titres, celui de la Barthelasse.

Vers le milieu de l'île, presque en face du Pontet s'élève, entouré de bosquets, le château de la Barthelasse, dont la chapelle fut érigée en église paroissiale par le pape Urbain VIII. Ce château est parfaitement conservé: on y voit encore les fortifications dont on l'avait muni à l'époque des guerres de religion pour le mettre à l'abri des attaques des Calvinistes.

Mais c'est surtout dans les premiers jours du printemps ou à l'entrée de l'automne qu'il faut contempler la Barthelasse. « Lorsque ses nombreux mûriers, dit l'auteur du *Tableau d'Avignon*, n'ont pas encore perdu l'honneur de leur feuillage ou se sont couverts d'une verdure nouvelle, on dirait une nature spéciale, une campagne rafraîchie, ravivée par des rosées bienfaisantes. Partout des traces de végétation, partout l'image de de la fertilité; les chemins et les sentiers interrompent seuls cette unité de verdure qui réunit toutes les nuances depuis les plus sombres jusqu'aux plus tendres. Quelquefois cette île présente une grande analogie avec la vallée du Nil; le Rhône la couvre dans toute sa surface. Au-dessus de cette immense nappe d'eau qui s'étend de la base du Rocher des Doms jusqu'à Villeneuve, surgissent les toits des maisons et les rameaux des arbres; quelques barques sillonnent le fleuve; et Avignon peut se représenter les inondations périodiques du fleuve qui nourrit l'Egypte. De même, le Rhône en se retirant laisse derrière lui, sur le sol de la Barthelasse, un limon qui dédommage bientôt le cultivateur; plusieurs récoltes successives compensent par leur abondance les pertes de l'année de l'inondation. »

CHAPITRE CINQUIÈME.

VILLENEUVE-LEZ-AVIGNON.

Il n'est pas un voyageur qui, après avoir visité la ville d'Avignon, ne conçoive le désir de contempler les ruines imposantes des magnifiques monuments dont le XIVe siècle couvrit la petite cité de Villeneuve. Villeneuve d'ailleurs est aux portes d'Avignon : trois kilomètres seulement séparent ces deux villes, et la route qui les unit offre sur tous ses points une promenade des plus agréables, un paysage des plus pittoresques.

En partant de la place de l'Horloge, on descend la rue St-Agricol jusqu'à l'Oratoire ; on tourne ensuite à droite, et l'on suit la rue Calade jusqu'à la place Crillon. C'est sur la place Crillon que se trouvent les principaux bureaux de messageries et deux des premiers hôtels de la ville, l'*hôtel d'Europe* et celui du *Palais-Royal*. Puis on sort par la Porte de l'Oulle, et l'on arrive par le pont en fil de fer et le pont de bois sur la rive droite du Rhône. Là s'ouvrent à droite deux chemins qui conduisent tous les deux à Villeneuve : l'un se confond avec la route de Roquemaure ; l'autre, que l'on pourrait appeler la *terrasse du bord de l'eau*, n'est qu'un petit sentier bordé d'un côté par une double haie de saules et d'aubépine, et de l'autre par le fleuve lui-même.

I

Précis historique et topographique.

Villeneuve-lez-Avignon (*villa nova secus Avenionem*) a

aussi son histoire : son origine, comme celle de villes plus importantes, se perd dans la nuit des âges. Avant l'établissement des Romains dans les Gaules, elle était appelée *Stathmos;* ses habitants, bergers pour la plupart, appartenaient à cette puissante peuplade des Volques (*gens valida Volcarum*) qui, seule entre toutes les tribus celtiques riveraines du Rhône, essaya, si l'on en croit Tite-Live, de s'opposer au passage du fleuve par Annibal. Sous la domination romaine, on ne la connut plus que sous le nom de *Statumæ.* Mais ce n'est guères que vers la fin du VIe siècle de notre ère qu'elle commence à jouer un rôle dans l'histoire.

La fille du roi de Sarragosse, la pieuse Cazarie, afin de se donner à Dieu sans réserve et sans partage, s'était arrachée aux splendeurs de la cour de son père ; et du fond de la Péninsule Ibérique, elle était venue demander au rocher d'*Andaon*, qui de ses flancs escarpés et sauvages dominait la bourgade de *Statumæ*, une retraite pour sa pénitence et un asile pour sa vertu. En 587, elle mourait environnée de la vénération des peuples d'alentour. Les prodiges nombreux qui furent attribués à son intercession, rendirent en peu de temps son tombeau célèbre dans toute la contrée ; et une colonie de Bénédictins vint s'établir auprès de la grotte qui lui avait servi de demeure. Il arriva alors ce que l'on vit ailleurs tant de fois au moyen-âge : des habitations se groupèrent autour du nouveau couvent ; et sous les murs même du monastère s'éleva bientôt une nouvelle bourgade qui, réunie à l'antique *Statumæ*, forma le village d'Andaon. Ce village fut d'abord la propriété des Bénédictins : il passa ensuite aux évêques d'Avignon, puis aux comtes de Toulouse ; et sur la fin du XIIIe siècle, il retourna encore aux Bénédictins. Mais, le 11 juillet 1292, Bertrand de Laudun, leur abbé, le céda à la France. Philippe-le Bel, qui régnait alors, l'érigea en cité et lui accorda les exemptions et les privilèges dont jouissait la ville de Paris.

C'est de l'arrivée des Papes aux bords du Rhône que date la grandeur d'Andaon. Les cardinaux, qui avaient à regret abandonné leurs *villas* de la campagne de Rome, ravis de la beauté du site, firent bâtir, autour de la nouvelle ville, de gracieuses maisons de plaisance. Andaon agrandi et embelli ne fut même plus bientôt qu'une vaste villa (*villa nuova*), et son ancien nom fut dès-lors et pour toujours échangé contre celui de Villeneuve. A partir de cette époque, son histoire est indissolublement liée avec l'histoire d'Avignon; et, quoiqu'elle appartint au roi de France, Villeneuve n'en ressentit pas moins le contre-coup des évènements divers qui, de la fin du XIVe siècle à la Révolution française, agitèrent si souvent sa voisine, la ville papale de la rive gauche du Rhône. Pendant le grand-schisme d'Occident, elle devint comme le quartier-général de la diplomatie française qui s'était rendue à Avignon pour essayer de fléchir l'irascible entêtement de Pierre de Luna, l'anti-pape. En 1417, elle opposa une résistance énergique aux efforts combinés des Anglais, des Savoyards et des Bourguignons que commandait Louis de Châlons, comte d'Orange; en 1562, elle se défendit glorieusement contre le farouche baron des Adrets; et, en 1576, elle repoussa une armée de Huguenots qui cherchait à la surprendre (1).

(1) En 1637, la compagnie de soldats que Villeneuve entretenait en

En 1272, Thibauld, comte de Champagne, signa dans Villeneuve la cession de ses états à Philippe-le-Bel, son gendre. Plus tard, le roi de Majorque y vendait le comté de Montpellier à Philippe de Valois.

Trois fois le roi Jean II vint à Villeneuve : en 1351, il y conférait des affaires ecclésiastiques de son royaume avec le pape Clément VI ; en 1353, il y recevait des mains d'Innocent VI la croix pour une expédition d'outre-mer ; et en 1362, il venait s'y consoler auprès du même Pontife de sa triste et douloureuse captivité d'Angleterre.

Villeneuve reçut dans ses murs plusieurs autres rois de France. Charles VI s'y rendit en 1390 ; Louis XII, en 1498 ; François Ier, en 1515 ; Henri II, en 1541 ; Charles IX, en 1560 et en 1571. Trois ans après, Henri III y présidait les états de la province de Languedoc (1).

En 1596, Henri IV, accompagné des ducs de Berry et de Bourgogne, ses petits-fils, visita Villeneuve : il fut si bien accueilli par les habitants qu'il confirma leurs priviléges et leurs franchises, les appelant dans les lettres-patentes qu'il donna à cette occasion, *ses bons et loyaux sujets qui ne se sont jamais démis de son obéissance, fidélité et service, et, comme tels, il les veut bien et favorablement traiter*. Louis XIII passa par Villeneuve, en 1613 et en 1621 ; Louis XIV, en 1644 et en 1664 ; et Louis XV, en 1717.

Villeneuve est la patrie de Jean Nicot et de François Morgier. Le premier, ambassadeur de François II au-

---

Languedoc pour le compte du roi de France, battit les Espagnols et leur fit lever le siège de Leucate.

(1) Pendant les guerres de religion du XVIe siècle, les tribunaux et l'administration de Nîmes tinrent leurs assises à Villeneuve.

près de Sébastien, roi de Portugal, de 1558 à 1560, introduisit le tabac en France; le second, littérateur distingué, mourut, en 1720, dans l'intimité de la princesse Elisabeth de Conti.

Avant la révolution française, Villeneuve-lez-Avignon tenait un rang honorable parmi les municipalités de la province du Languedoc et les villes du diocèse d'Avignon. Elle était administrée par trois consuls assistés d'un conseil. Elle était protégée par un fort que défendait une petite garnison de vétérans détachés de l'Hôtel des Invalides de Paris. Elle possédait une Abbaye royale de Bénédictins, un Prieuré du même ordre, un Chapitre de chanoines, une Eglise paroissiale, une Chartreuse, une Maison de Récollets, un Couvent de religieuses du Tiers-Ordre de St-François, un Hôpital, deux confréries de Pénitents (noirs et gris), une Justice royale et mixte, une Maîtrise des ports, un Bureau des traites, un Grenier à sel, etc.

Elle fait aujourd'hui partie du département du Gard et du diocèse de Nimes, et elle est comprise dans l'arrondissement d'Uzès. Elle est à 3 kilomètres d'Avignon, 31 d'Uzès, 39 de Nimes et 743 de Paris. Chef-lieu de canton, elle est le siège d'une justice de paix et d'un commissariat de police. Elle a une Eglise paroissiale desservie par un curé et trois vicaires, trois chapelles de secours, un Hôpital avec une salle d'asile et une école de filles annexées, une école de garçons dirigée par trois frères du vénérable J.-B. de la Salle, une confrérie de pénitents, un bureau de bienfaisance, un bureau de poste, une brigade de gendarmerie et une compagnie de sapeurs-pompiers.

Son conseil municipal se compose de 22 membres;

et son maire est assisté de deux adjoints. Son territoire occupe une superficie de 2,067 hectares; dans sa partie montagneuse, il est couvert de vignes et d'oliviers; dans la plaine, sur les bords du Rhône, il produit en abondance les légumes, la garance et les céréales.

La population agglomérée de Villeneuve (1) est répartie sur quatre points principaux entièrement distincts les uns des autres : le faubourg des Moulins, le quartier de la Tour, la Ville et le Fort.

Le faubourg des Moulins n'offre aucun intérêt au voyageur; il est habité par quelques familles que les exigences de l'industrie ont fixées depuis des siècles aux bords même du fleuve qui met en mouvement leurs meules et leurs roues.

A l'ouest de ce faubourg, sur le penchant de la colline, on voit les ruines du château de Beauvois, que la famille de Crillon posséda longtemps à titre de principauté : il n'en reste plus que des pans de murailles.

II

La Tour de Philippe-le-Bel.

A quelques pas de là, on rencontre la *Tour*, dite de Philippe-le-Bel, qui sert aujourd'hui de prison.

« Dans les temps reculés, dit M. Paul Achard, archiviste du département de Vaucluse, la ville d'Avignon avait étendu sa juridiction dans les îles du Rhône, et en face de son territoire sur tout le littoral de la rive droite de ce fleuve... Tant que les rois de France possédèrent la ville d'Avignon par indivis avec les comtes de Provence,

---

(1) La population totale de la commune de Villeneuve est de 3,252 h.

ils ne trouvèrent aucun inconvénient à cette extension de la juridiction de la cité. Mais lorsque, au mois de septembre 1790, Philippe-le-Bel, en contemplation du mariage de Charles, son cousin, avec Marguerite, fille du roi de Sicile, comte de Provence, lui eut cédé les droits qu'il avait sur Avignon, il dut songer à faire respecter ses limites; et ses officiers firent jeter, en 1307, les fondations de la Tour de Villeneuve. Charles II, roi de Sicile s'en plaignit, alléguant que le territoire d'Avignon s'étendait au littoral de la rive droite du Rhône. Le roi de France commit son sénéchal de Beaucaire pour faire une enquête sur ce fait; celui-ci se transporta sur les lieux et se disposait à entendre des témoins, lorsque les magistrats d'Avignon intervinrent, disant qu'il ne pouvait agir au nom du roi de France dans un lieu qui était du domaine et de la juridiction du roi de Sicile, comte de Provence. Radulphe de Méruel, architecte de la Tour, n'en poussa qu'avec plus d'activité la construction de cet édifice; et il ne paraît pas que le roi de France, une fois bien assis sur ce point, ait encore toléré sur la rive droite du Rhône l'exercice de la juridiction Avignonaise. » (1)

Cette tour a bravé impunément l'action destructive des hommes et des éléments. Elle s'élève fièrement à mi-flanc de la montagne, à 50 mètres environ au-dessus du roc qui lui sert de base. Elle commandait autrefois le Pont saint Bénézet; et l'on voit les restes du châtelet qui l'unissait à ce monument. Ses pierres sont taillées en bossage. La galerie de créneaux et de machicou-

(1) *Notice historique sur les Remparts d'Avignon*, par P.-X. Achard, archiviste du département de Vaucluse.

lis qui la couronne contourne agréablement ses angles et aboutit à une galerie supérieure carrée et cantonnée d'un escalier étroit en tourelle destiné à la sentinelle du guet.

Derrière la Tour se trouve le faubourg qui porte son nom : la population qui le compose se livre presque exclusivement aux travaux des champs. C'est ce qui explique le silence profond qui règne dans ses rues désertes, silence qui n'est interrompu que par le bruit cadencé et uniforme de quelques *métiers de taffetassiers*.

Il est à regretter qu'une des antiques maisons de ce faubourg ait été démolie. Elle datait du XIVe siècle et avait servi de palais au cardinal Napoléon des Ursins. Elle était adossée au châtelet du pont. De ses étages supérieurs et de ses jardins en terrasse l'œil dominait le Rhône et s'étendait au loin dans la campagne.

III

L'Hôpital.

Deux chemins conduisent de la Tour à l'*Hôpital*. L'un fait monter le voyageur presque au sommet de la montagne et l'introduit au centre même de Villeneuve par une rue entièrement creusée dans le roc. L'autre, au contraire, lui fait suivre la grande route jusqu'à l'entrée de la cité.

L'Hôpital de Villeneuve est aux pieds du Mont-Olivet, petite colline ainsi nommée et des nombreux oliviers qui la couvrent et de l'abbaye qu'en 1327, les moines Olivétains y fondèrent, sur l'ordre du pape Jean XXII. Il occupe l'ancien couvent de sainte Elisabeth, bâti en 1677, pour des religieuses du Tiers-Ordre de saint

François. Cet établissement ne laisse rien à désirer sous le rapport de la salubrité, comme sous le rapport de l'entretien : ses salles sont vastes et bien aérées, et des sœurs Trinitaires de Valence y sont chargées du soin des malades et des vieillards.

Son église renferme le magnifique tombeau du pape Innocent VI. Ce mausolée rappelle assez bien par ses mille clochetons et ses innombrables colonnettes celui de Jean XXII que l'on voit dans l'Eglise métropolitaine d'Avignon : il est cependant moins grandiose dans ses proportions et dans son ensemble, quoique plus élégant et plus correct dans son dessin. Il avait été élevé, en 1362, dans l'église des Chartreux, comme un témoignage éclatant de la reconnaissance de ces religieux pour le fondateur de leur monastère. Mais, en 1835, l'église des Chartreux que le vandalisme révolutionnaire n'avait point épargnée menaça ruine. Les habitants de Villeneuve alors voulurent, à tout prix, soustraire à sa perte certaine un monument qui faisait à tant de titres l'ornement de leur ville et l'admiration des étrangers ; et aux frais du gouvernement, sous la surveillance de la municipalité, le tombeau d'Innocent VI fut transféré pierre à pierre dans l'église de l'Hôpital.

Cette église possède un rare échantillon des étoffes précieuses employées au moyen-âge pour la confection des vêtements sacerdotaux : c'est une chasuble du même pape Innocent VI. Cet ornement est admirable de richesse et de travail, et il pourrait aisément le disputer en finesse et surtout en fraîcheur à la fameuse chappe de St-Maximin de Provence ; malheureusement une piété peu éclairée en a altéré, il y a quelques années, la forme primitive. Cette chasuble maintenant n'a plus qu'une longueur de 2 mètres 20 centimètres, sur une largeur de 66 centimètres seulement. Les bords sont garnis dans tous leurs contours d'une double frange or et soie rouge. Son fond est en drap d'or fin sur lequel se dessinent de grandes roses avec tiges et larges feuilles en velours cramoisi très-foncé; mais l'intérieur des roses et des feuilles est en fil d'or en canetille. La croix qui se trouve sur le dos de la chasuble et sa prolongation sur le devant sont larges de 15 centimètres; elles n'ont pas été touchées, et il leur reste leur ancienne forme latine décrite par un large galon or et argent : le fond de la croix et de sa prolongation est formé d'un drap d'argent sur lequel sont brodés, avec une perfection dont rien n'approche, des vases d'œillets et des vases de roses au milieu d'une multitude de fleurs printanières de toute espèce et de toute couleur. Entre les deux bras de la croix, qui, tous les deux réunis, n'ont pas moins de 53 centimètres de long, se trouve un beau vase de lis jaunes. Toutes ces broderies sont faites en soie fine au point d'aiguille, et les vases sont incrustés de fils d'or. L'étole et le manipule ont conservé leur forme première : leur largeur est de 8 centimètres au milieu et de 17 à leurs extrêmités qui s'élargissent brusquement à angles fortement aigus. Ces deux parties de l'ornement portent les mêmes broderies que la croix de la chasuble ; elles ont au bas une double frange or et soie rouge ; leurs côtés sont unis par un long cordon en soie rouge dont les deux bouts se rapprochent dans un gland à franges or et soie (1).

(1) L'Eglise de saint Pierre, à Avignon, possède aussi la dalmatique et le chapeau du bienheureux Pierre de Luxembourg, cardinal-

On voit encore à l'Hôpital plusieurs tableaux de prix : dans l'église, un *saint Bruno*, de Nicolas Mignard, (au-dessus du chœur des religieuses, à droite de l'autel), et le *Sauveur en croix*, (au-dessus de la grande tribune); — dans le grand escalier, une esquisse du même Mignard, représentant les *Chartreux de Lonpres mis à mort sous Henri VIII*, et *Notre-Seigneur en croix consolé par les Anges*, de Raynaud Levieux ; — dans la salle de réception, deux portraits de St-Bruno, qui ne sont pas sans mérite ; une *Annonciation*, qui rappelle la touche du Carrache ; une *sainte Roseline*, religieuse Chartreusine portant des roses dans les plis de sa robe, de N. Mignard ; la copie du même tableau par le frère Imbert, chartreux de Marseille, peintre distingué ; et enfin la magnifique et curieuse toile représentant l'*Eglise catholique* (1), que l'on a longtemps attribuée sans

diacre, mort en 1387. La dalmatique est formée d'une étoffe orientale où le fil se marie avec la soie. Elle est couverte entièrement dans sa longueur de broderies en fil mêlé d'or qui représentent alternativement un perroquet et un griffon perchés sur des branches dont les feuilles retombent en panaches. Cette dalmatique, ainsi que la chasuble d'Innocent VI et plusieurs autres ornements ecclésiastiques du moyen-âge conservés à Avignon, ont été, en 1856, signalés à l'attention du monde savant par deux rapports adressés à leur occasion à M. le Ministre de l'Instruction publique et des cultes.

(1) Cette toile est collée sur un large panneau : l'*Eglise catholique* est le seul nom qu'on puisse lui donner ; car elle représente à la fois l'Eglise triomphante, l'Eglise militante et l'Eglise souffrante. Au haut du tableau, c'est la sainte Trinité couronnant la sainte Vierge et environnée des légions angéliques. A droite et à gauche, sur un plan inférieur sont rangés les Élus : il y a parmi eux des Pontifes, des Moines, des Prêtres et des Rois. Sur le plan intermédiaire sont reproduites plusieurs scènes de l'Histoire sacrée, telles que le Buisson ardent, le

6.

raison et sans preuve au roi René et qui nous paraît due au pinceau de quelque artiste de l'école d'Ombrie.

L'enclos de l'Hôpital comprend le Mont-Olivet tout entier : cette petite colline est complantée de vignes et d'oliviers. Les mille sentiers qui conduisent au pittoresque ermitage qui la couronne, offrent au visiteur une promenade des plus agréables et des mieux accidentées.

Derrière le Mont-Olivet, on aperçoit les restes de l'ancien Prieuré de Bénédictins fondé, en 1340, sur la colline de Montault, par le cardinal Pierre Bertrand-le-Vieux. C'est dans ce monastère que le dernier Dauphin du Viennois, Humbert II, renonça au monde, en 1349, après avoir cédé le Dauphiné à la couronne de France. C'est là aussi que se retira, lors de sa disgrâce, l'archevêque d'Aix, Génébrard, le plus savant chroniqueur de son siècle. Le prieuré de Montault a été presque totalement démoli à l'époque de la révolution : la portion de ses bâtiments, qui est encore debout, est devenue, grâce à la source abondante qui surgit à ses pieds, un *Institut Hydrothérapique*.

IV

L'Église paroissiale de Notre-Dame.

A quelques pas de l'Hôpital se trouve l'*Eglise parois-*

Crucifiement de N.-S., l'Assomption de la sainte Vierge, etc. On y voit encore la ville de Jérusalem, un Chartreux priant sur le mont du Calvaire, la ville de Villeneuve, l'Eglise de la Chartreuse avec les moines chantant l'office divin, etc. Au bas du tableau se trouvent les Limbes et les enfants morts sans baptême, qui jouent avec des guirlandes de roses; le Purgatoire d'où les Anges font sortir plusieurs justes, enfin l'Enfer où les réprouvés sont entraînés et saisis par des démons aux formes monstrueuses.

siale et jadis *collégiale de Notre-Dame.* Cet édifice fut bâti, vers 1333, par le cardinal Arnaud de Via, évêque d'Avignon et neveu du pape Jean XXII. Il n'a de remarquable à l'extérieur que son clocher, lourde et massive tour carrée que l'on dirait empruntée aux remparts d'Avignon. Sa façade principale a disparu presque entièrement sous une construction informe élevée entre les deux tourelles hexagones de ses extrémités. La porte latérale est surmontée d'une statuette gothique à deux faces représentant la *Ste-Vierge avec l'Enfant Jésus.*

La nef, sur laquelle s'ouvrent de chaque côté six chapelles ogivales, est d'une architecture simple et sévère. Elle n'a conservé aucune de ses décorations primitives; mais elle est ornée en revanche des dépouilles de toutes les anciennes églises de Villeneuve. Ses autels sont formés des marbres les plus rares et les plus précieux. Le maître-autel en particulier réclame l'attention des visiteurs et des artistes : il fut, dit-on, sculpté et acheté à grands frais en Italie; le vert antique, le jaspe de Sicile, le jaune de Sienne y dominent.

Quant aux tableaux, ils ont droit à une mention toute spéciale: plusieurs sont de main de maîtres. On y voit entr'autres de Nicolas Mignard, *sainte Catherine d'Alexandrie et l'Enfant Jésus* (à l'autel de la cinquième chapelle à droite), *saint Bruno en prière devant l'Enfant Jésus dormant* (sixième chapelle à droite), *saint Bruno et sainte Anne* (sixième chapelle à gauche), l'*Annonciation et saint Charles Borromée* (troisième chapelle à droite); et de Raynaud Levieux, le *Crucifiement de Notre-Seigneur*, qui avec une *Visitation* et une *Annonciation* du même Nicolas Mignard, fait l'ornement de l'arc triomphal. On remarque encore dans la quatrième chapelle à gauche, une *Descente de Croix*, riche et magnifique panneau gothique à fond doré, dont plusieurs ont cru pouvoir faire honneur à Jean Bellin. Il y a dans la même chapelle un beau *saint Antoine de Padoue*, et dans celle de la sainte Vierge (la cinquième chapelle à gauche), une *sainte famille* et *N.-D. du Rosaire*, que nous serions tentés d'attribuer à Nicolas Mignard. Derrière les orgues se déroule une grande toile, les *Nôces de Cana*, qui n'est pas sans mérite ; et de chaque côté de la nef, l'espace compris entre la lancette ogivale des chapelles et la naissance des grandes fenêtres est occupé par d'excellentes copies des tableaux de la Résurrection de J.-C., conservés aux Pénitents blancs d'Avignon (1).

La plupart de ces tableaux proviennent de la Chartreuse de Villeneuve : ils en décoraient le réfectoire et la salle capitulaire.

A l'entrée du sanctuaire, l'ancien siège en marbre de l'abbé des Bénédictins de saint André, joli morceau de la sculpture du XVIIe siècle, sert de fauteuil au célébrant. Dans le chœur, le lutrin est surmonté d'un riche support de lampe en fer aux mille découpures très-élégamment ciselé.

On peut voir dans la sacristie une belle croix processionnelle du moyen-âge; une statue d'ivoire de la fin du XIIIe siècle, enluminée d'or et de couleurs représentant la sainte Vierge assise tenant l'enfant Jésus debout sur ses genoux ; le voile d'un ornement du Pape Innocent VI couvert de broderies d'or en bosse sur satin blanc, etc.

---

(1) Voyez à la page 62 : *Eglise des Pénitents blancs*.

Au nord de l'église est un vaste cloître gothique largement ouvert : ce cloître communique avec une ancienne maison cardinalice dont l'entrée voûtée à ogive donne sur la Grand'rue de Villeneuve. C'est dans cette maison que mourut, le 2 juillet 1387, le bienheureux Pierre de Luxembourg, cardinal de saint Georges *in velabro*, et évêque-élu de Metz.

V

Le Palais de Turin et les Pénitents Gris.

Nous l'avons dit au commencement de ce chapitre, Villeneuve devint au XIVe siècle un lieu de villégiature pour les cardinaux de la cour pontificale d'Avignon. Plusieurs d'entre eux y établirent leur résidence et se firent bâtir des palais dans l'intérieur de ses murs. La plupart de ces somptueuses demeures, ornées et embellies par le luxe et le bon goût des artistes italiens, ne sont plus maintenant que des décombres informes ou des masures ruinées. L'une d'elles cependant a conservé quelque vestige de son antique splendeur ; c'est celle du cardinal Pierre de la Tourroie, que le peuple appelle encore par corruption de nom *cardinal de Turin*.

Elle est sur la Grand'rue à gauche. On la reconnaît facilement à sa façade massive qu'un des princes de Conti, Armand de Bourbon fit élever en 1660, et dont l'ornementation classique contraste singulièrement avec les arcs en tiers-point, les fenêtres croisées et les tourelles à créneaux de l'intérieur de l'édifice. Le prince de Conti, fatigué du monde et las du tumulte de la cour, se retira à Villeneuve, vers le milieu du XVIIe siècle ; il acheta le palais du cardinal de Turin qu'il fit restaurer dans le style alors en usage, et il y passa dans l'exercice de la piété et des bonnes œuvres les dernières années de sa vie. Il mourut en 1666, et fut enseveli, comme il l'avait ordonné par son testament, au milieu du chœur de la Chartreuse. L'inscription funéraire qui couvrait sa tombe a été transportée depuis la révolution française dans l'église paroissiale de Notre-Dame où on peut la voir, aujourd'hui, enchassée dans le mur de la quatrième chapelle de gauche.

Dans l'enceinte même de l'ancien Palais de Turin se trouve la chapelle des Pénitents Gris qui se fait remarquer autant par l'élégant et difficile appareil de sa voûte que par la variété et la richesse des marbres de ses autels. La confrérie des Pénitents Gris fut fondée, en 1662, sous le nom de la Miséricorde, par Jean-Baptiste Andiol, citoyen de Villeneuve.

VI

La Chartreuse du Val de Bénédiction.

Presque en face du Palais de Turin s'étendent de l'autre côté de la Grand'rue les bâtiments de la *Chartreuse*. Elle fut fondée, le 2 juin 1356, par le pape Innocent VI, sous le patronage de saint Jean-Baptiste et le titre de *Val de Bénédiction*. Mais ce pontife mourut avant d'avoir vu l'entier accomplissement de son œuvre : ses neveux qu'il avait créés membres du Sacré-Collège se chargèrent de la continuer. A l'exemple de ces prélats, tous les cardinaux de la cour pontificale d'Avignon se plurent à donner au nouveau monastère les marques de la plus généreuse munificence; et la Chartreuse de Villeneuve fut bientôt le plus riche et le plus florissant des couvents du voisinage.

Ses religieux habitants ne démentirent jamais le titre de *Val de Bénédiction* imposé à leur solitude: jusqu'à la fin du XVIIIe siècle, ils ne cessèrent de donner à toute la contrée l'exemple des plus sublimes vertus; et les bienfaits, sans nombre qu'ils répandirent autour d'eux, firent bénir dans tout le pays leur nom vénéré et leur charité inépuisable. Les pauvres et les indigents trouvaient chaque jour, matin et soir, leur nourriture à la porte du couvent. Les nombreuses dépendances de la Chartreuse étaient une ressource pour le paysan malheureux et l'artisan sans travail. Les semailles, la moisson, les vendanges, la coupe des bois, la tonte des troupeaux occupaient constamment un nombre considérable d'ouvriers.

En 1633, les Chartreux du *Val de Bénédiction* envoyèrent une colonie à Marseille pour jeter les fondements d'une nouvelle maison de leur ordre. Dom J.-B. Berger, leur prieur, fit alors bâtir aux portes de la cité Phocéenne, du côté de l'est, la belle église de *la Madeleine* que l'on admire encore aujourd'hui. Quelques années plus tard, ils desséchèrent, à leurs frais, le vaste étang de Pujaut et livrèrent ainsi à l'agriculture des terrains immenses.

Le *Val de Bénédiction* est maintenant habité par une multitude de familles qui, au moment de la dévastation des couvents, s'emparèrent, sans autre formalité, des cellules des religieux et s'y installèrent, de façon que chaque salle, chaque partie de l'édifice est une maison particulière. La Chartreuse est ainsi devenue un faubourg, connu officiellement sous le nom de *faubourg saint Bruno*, dont les rues sont formées par les corridors déserts et les cloîtres abandonnés. L'Eglise conventuelle d'une architecture gothique fort simple a perdu son abside; et bien qu'elle menace ruine depuis longtemps, elle n'en sert pas moins de hangar public. Le chœur des Frères convers est changé en remise; et sous leurs voûtes ogivales, deux chapelles qui communiquaient latéralement avec la nef par de ravissantes baies géminées, abritent des troupeaux et des bêtes de somme. Le réfectoire, dont les moulures et les arabesques se distinguaient par la finesse et l'élégance, a été dépouillé de sa toiture; transformé en basse cour, il reçoit les immondices et les balayures des maisons voisines. La chapelle attenante au réfectoire est aujourd'hui jonchée de paille, de fagots, de racines de garance; les magnifiques fresques du XIVe siècle (1), qui étalent sur ses murs les principaux traits de la vie de saint Jean-Baptiste, sont couvertes d'une ignoble poussière. Il reste cependant un cloître gothique assez bien conservé qui appuie l'un de ses côtés sur l'église conventuelle; une belle rotonde couvre encore la fontaine dont l'eau se distribuait jadis dans toutes les cellules; et le portique d'entrée, dont on attribue le dessin à Pierre Mignard *le Romain*, porte sur l'une de ses faces le millésime de 1674, et sur l'autre l'inscription suivante: *Domus B. M. Vallis Benedictionis.*

(1) Nous avons vu la chapelle d'Innocent VI qui existe encore; elle est contiguë au réfectoire de la Chartreuse. Ses murs sont couverts de fresques dégradées. Le peintre qui les a exécutées a dû être un des artistes distingués de l'époque; son nom nous est inconnu.

CHRISTOPHE. *Hist. de la Papauté pendant le XIVe siècle*, tom. II.

Sans revenir sur ses pas, on peut sortir de la Chartreuse par une porte dérobée qui se trouve à côté de l'Eglise conventuelle : de là, par un petit sentier taillé dans le roc, on arrive aisément et sans peine à l'entrée du Fort saint André.

VII

Le Fort saint André.

Le *Fort saint André* domine la plaine : il couronne le mont Andaon et cache sous une ceinture de murailles très-irrégulièrement disposée les sommets abruptes et escarpés de la colline. Après les remparts d'Avignon, c'est un des plus beaux types de l'architecture militaire au moyen-âge. Son entrée est dans un parfait état de conservation ; elle est magnifique : on ne saurait mieux la comparer qu'à la fameuse entrée de la Bastille. Les deux grosses tours rondes dont elle est flanquée et celle qui commande le Fort du côté de l'ouest sont d'un aspect imposant et grandiose.

Ces fortifications sont dues à Philippe-le-Bel : ce roi les fit construire pour intimider les Avignonais et les empêcher d'étendre leur juridiction sur la rive droite du Rhône. La France y entretenait constamment une petite garnison. Au moment de la révolution française, la garde en était confiée à une trentaine d'hommes détachés de l'Hôtel royal des Invalides de Paris : la grande maison, que l'on rencontre à gauche en entrant dans l'intérieur du Fort, servait de caserne à ces vétérans des armées françaises. Le vaste enclos que l'on voit à droite renferme les ruines de l'Abbaye de saint André :

les Bénédictins au VIe siècle avaient élevé ce monastère sur le tombeau de sainte Cazarie. Il ne reste plus aucune des antiques constructions du monastère : tout a été démoli ; et les corps de logis qui servent aujourd'hui d'habitation datent à peine de la fin du XVIIe siècle.

Un peu plus loin, sur la gauche, on aperçoit, bâtie sur le roc vif, la petite chapelle romane de N.-D. de Beauveset (*Bel Vedere*), que plusieurs font remonter au temps de Charlemagne. Le rétable, les gradins et le tabernacle de son autel sont ornés de peintures anciennes fort curieuses représentant le Sauveur entouré de ses Apôtres avec saint Jean-Baptiste, saint Roch et saint Sébastien. La statue de la sainte Vierge que l'on voit au-dessus de l'autel et celle qui est dans une niche à gauche, datent du XIVe siècle : elles sont en bois peint et doré sur toile à la chaux.

Avant de quitter le Fort saint André, le voyageur visitera la tour de l'ouest et sa belle salle voûtée à ogive. Il n'oubliera point non plus de parcourir le pittoresque chemin de ronde des remparts et de contempler à travers leurs créneaux le superbe panorama de la plaine d'Avignon. Puis, descendant la colline par la rue du mont Andaon creusée tout entière dans le rocher, il traversera la place de Villeneuve et reprendra la route d'Avignon.

Tels sont les principaux monuments de Villeneuve-lez-Avignon. S'il ne fallait pas nous borner, nous pourrions en signaler d'autres aux investigations des archéologues et à la curiosité des touristes. Nous nous contenterons seulement d'indiquer le bel *arceau gothique de la croix de Montault*, dernier vestige d'une chapelle ouverte qui abritait une superbe croix de carrefour et que démolirent les Huguenots en 1576 ; — la *façade élégante de l'église des Récollets*, élevée en 1627 ; — l'*ancienne église paroissiale de saint Pons*, dont les chapelles ogivales sont devenues des maisons particulières et dont la nef sert de marché aux grains et à la luzerne ; — la *Pyramide* formée de deux blocs énormes que l'on trouve sur le chemin des carrières de saint Bruno et qui présente tous les caractères d'un *Men-hir* celtique ; — les *restes d'une vieille Tour* qui domine la route de Roquemaure, etc., etc.

CHAPITRE SIXIÈME.

Course au Pont du Gard.

Avant de quitter le département du Gard où nous sommes entrés pour visiter les monuments de Villeneuve, nous ne pourrions trop engager le voyageur à nous accompagner jusqu'au *Pont du Gard*. Cette merveille de l'art antique n'est guère plus éloignée d'Avignon que de Nimes ; et lorsqu'on saura qu'elle n'est qu'à 22 kilomètres de notre ville, on ne sera plus étonné de lire sur tous les murs de la place Crillon et de la rue Calade : *Voitures à volonté pour Vaucluse et le* Pont du Gard.

Pour aller d'Avignon au Pont du Gard, il faut prendre la route impériale n° 100 de Montpellier à Digne.

On laisse derrière soi le petit village des *Angles* (1), dont l'église et le presbytère ont de loin l'aspect d'un château-fort du moyen âge ; les *Carrières de Villeneuve*,

---

(1) Le village des Angles, que toutes les anciennes chartes appellent *Villa de Angulis*, est situé en face d'Avignon sur la rive droite du Rhône ; il est bâti en amphithéâtre à l'angle formé par la jonction de deux collines. Il en est souvent question dans l'*Histoire d'Avignon*, notamment à l'époque de l'invasion Sarrazine pendant la première moitié du VIIIe siècle, et à l'occasion des troubles religieux de la fin du XVIe. C'est dans le vieux château des Angles que se trouvent le presbytère et l'église paroissiale. Le château seigneurial des marquis de Forbin des Issarts et la gracieuse villa d'un spirituel critique, d'un délicieux romancier, M. Armand de Pontmartin, sont sur le territoire des Angles.

qui fournissent à toutes les constructions avignonaises leurs pierres si blanches et si friables; le *bois des Issarts*, qui entoure de ses chênes verts le manoir antique des Forbin; l'*Ermitage de saint Pierre-ès-liens* avec sa chapelle qui semble dater des premiers temps de l'architecture romano-bysantine ; l'*Etang de Pujault*, que la patience des Chartreux du Val de Bénédiction a changé, depuis bientôt deux siècles, en une plaine labourable et fertile; le bourg de *Rochefort* et son sanctuaire de *N.-D. de Grâce* (1) , où l'on admire un beau tableau de Nicolas Mignard, *saint Joseph, saint Benoît et sainte Scolastique;* le village de *Saze*, qui s'élève à l'extrémité de la plaine de Signargues (*signorum ager — champ des signaux*), où campèrent les Sarrazins au commencement du VIIIe siècle; *Estézargues*, dont l'église paroissiale est formée des restes d'une citadelle romaine bâtie par le consul Statius , l'an 145 de l'ère chrétienne; et *Fournès* avec sa belle tour octogone de 28 mètres de hauteur et les ruines de sa forteresse détruite par les Huguenots.

Puis on arrive à *Remoulins*, petite ville que les Protestants et les Catholiques se disputèrent longtemps

(1) Le pélérinage de N.-D. de Rochefort date de Charlemagne, si l'on en croit la tradition Avignonaise. En 798, ce grand empereur aurait fait bâtir en l'honneur de la sainte Vierge, sous le nom de sainte Victoire, une chapelle à l'endroit même où , quelques années auparavant, Charles Martel, son aïeul, avait battu une armée de Sarrazins. Cette chapelle, réédifiée au XVIIe siècle , fut desservie jusqu'à la Révolution française par les Bénédictins de St-Maur: elle est confiée aujourd'hui aux Maristes de Lyon. Elle est visitée, chaque année, en automne surtout, par un nombre incroyable de pélerins venus d'Avignon, de Nimes, d'Alais, du Pont-St-Esprit, d'Orange , de Tarascon et de Beaucaire.

pendant les troubles religieux de la fin du XVI⁰ siècle. Remoulins ne renferme aucun monument intéressant. On y voit cependant quelques tours assez curieuses : l'une d'elles, dernier débris de l'ancien château et aujourd'hui prison communale, se fait remarquer par une superbe voûte à crochet et par l'épaisseur considérable de ses murs.

A Remoulins on quitte la route de Nîmes pour prendre celle d'Uzès; et, au bout d'une demi-heure de marche, on a devant soi le *Pont du Gard.*

« On m'avait dit, écrivait le philosophe de Genève, Jean-Jacques Rousseau, on m'avait dit d'aller voir le Pont du Gard : je n'y manquai pas..... C'était le premier ouvrage des Romains que j'eusse vu. Je m'attendais à voir un monument digne des mains qui l'avaient construit. Pour le coup, l'objet passa mon attente, et ce fut la seule fois en ma vie. Il n'appartenait qu'aux Romains de produire cet effet. L'aspect de ce noble et simple ouvrage me frappa d'autant plus qu'il est au milieu d'un désert, où le silence et la solitude rendent l'objet plus frappant et l'admiration plus vive; car ce prétendu Pont n'était qu'un aqueduc. On se demande quelle force a transporté ces pierres énormes si loin de toute carrière, et a réuni les bras de tant de milliers d'hommes dans un lieu où il n'en habite aucun. Je parcourus les trois étages de ce superbe édifice, que le respect m'empêchait presque d'oser fouler sous mes pieds. Le retentissement de mes pas sous ces voûtes me faisait croire entendre la forte voix de ceux qui les avaient bâties. Je me perdais comme un insecte dans cette immensité. Je sentais, tout en me faisant petit, je ne sais quoi qui m'élevait l'âme; et je me disais en soupirant : *Que ne suis-je né Romain !* Je restai là plusieurs heures dans une contemplation ravissante. »

Le Pont du Gard, comme on le pense bien, n'a échappé aux explorations d'aucun touriste; et tous les recueils d'*Impressions de voyage* dans le midi de la France en parlent avec admiration. De toutes les descriptions qui ont été faites de ce magnifique monument, aucune, à notre avis, ne vaut celle qu'en a laissée le marquis Scipion Maffei dans son *Galliæ Antiquitates selectæ*, et celle qu'en écrivit Fléchier, l'immortel évêque de Nîmes.

On lit dans une lettre du savant italien à madame la marquise de Caumont :

« Parmi tous les restes d'acqueducs que l'on trouve épars en différents endroits, celui qu'on nomme le Pont du Gard tient le premier rang. Pour conduire un ruisseau à la ville de Nîmes, où la Fontaine reste assez basse en certain temps, on dériva l'eau jusque près d'Uzès. C'est là où l'acqueduc commençait dont on voit encore beaucoup de restes par la campagne. Il allait en serpentant pour conserver son niveau à la même hauteur. Au delà de la rivière du Gardon, autrefois nommée *Gard*, on en voit d'autres restes. J'entrai dans un vallon où je trouvai au milieu et sur les deux côtés les piles des arcs qui y étaient. Mais la merveille est sur la rivière où l'on a été obligé d'y construire une grande et admirable masse pour transporter l'eau au delà, dans un endroit où la rivière est fort profonde et avec des rives très-escarpées.

» Ce pont a en bas cinq arcades sur le lit de la rivière qui sans autre fondement posent sur le roc. Elles ne sont pas égales entr'elles, mais très-grandes chacune ;

et celle sous laquelle l'eau passe, a 70 pieds de largeur d'une pile à l'autre. Au-dessus de celles-ci, il y a un second rang de plus petites au nombre de onze qui sont encore très-élevées. Ensuite un troisième rang de trente-cinq petites arcades s'élève. Le conduit de l'eau, c'est-à-dire le canal est sur celles-ci ; il a deux pieds et quatre pouces de large et près de cinq pieds de haut ; il est couvert par des pierres d'un pied d'épaisseur, larges de deux pieds quatre pouces et longues de cinq pieds et demi. Elles sont posées de travers et couvrent aussi le *sponde*, c'est-à dire les petits murs des côtés qui sont bâtis de petites pierres disposées *in sacco*, comme nous disons en italien. Les basses arcades sont composées de quatre rangs de pierres égales qui forment le plein cintre. Il y a environ cinquante pieds de la superficie ordinaire de l'eau jusqu'à la sommité de l'arcade.

» Les piles ont chacune dans le haut une corniche; et, dix pieds plus haut, où l'arc commence, elles ont un cordon. Mais au-devant des premières arcades il y a une grande corniche qui a beaucoup de saillies : on l'a réparée en plusieurs endroits où elle était ruinée, et l'on y a aussi mis des pierres qui avancent devant les pilastres avec un parapet, et tout cela parce que l'on marche à présent sur cette corniche, et l'on en a fait un passage, en sorte que l'acqueduc est transformé en pont. Une chose qu'il ne faut pas oublier de remarquer, c'est que, de l'un et de l'autre côté de l'édifice, les pilastres du second rang ont dans une égale distance deux pierres qui sortent un pied et demi en dehors. On en voit d'autres un peu plus haut et en plusieurs endroits qui ressemblent à des pierres d'attente. »

Écoutons maintenant Fléchier :

« Ce pont est bâti de l'ordre Toscan avec d'aussi grosses pierres que celles des Arènes de Nîmes ; il porte trois ponts l'un sur l'autre, et au-dessus du plus haut ce haut merveilleux acqueduc, sous le couvert duquel un homme peut marcher en baissant la tête, et se promener au-dessus sans crainte et sans danger, quoique le précipice du rocher et de l'eau qui passe au-dessous ait un aspect affreux par sa profondeur.

» Ce pont a pris son nom de la rivière du Gardon qui passe au-dessous ; il est composé de trois rangées d'arcades, l'une sur l'autre entre deux montagnes ; les distances et les proportions y sont exactement observées.

» La première rangée est de six arcades, la seconde de onze ; la troisième de trente-cinq porte l'acqueduc au-dessus bâti des deux côtés de grandes pierres froides qui ont une toise en leur carré.

» Les eaux qui coulaient par cet acqueduc étaient prises de la fontaine d'Euze, au-delà de la ville d'Uzès, et conduites par de longs canaux et par des acqueducs souterrains et les pentes qui s'y rencontraient ; ce qui fait que leur cours qui n'aurait été que de trois lieues en droiture est de plus de six par les détours qu'il a fallu prendre.

» Ces eaux étaient destinées à trois usages principaux. Elles servaient à la religion, aux divertissements et à l'utilité de la ville. A la religion : les anciens croyaient que la fontaine d'Euze avait quelque chose de religieux et de sacré ; ce qui paraît par une inscription trouvée sous des masures près de son bassin :

.... *Sex. Pompeius cognomine Pandus,*
Quo jus et hoc ab avis contigit esse solum,

*OEdiculam hanc Nymphis posuit, quia sæpius ussus
Hoc sum fonte senex tam bene quam juvenis.*

» On avait besoin de ces eaux pour le temple de la déesse Iris, comme il paraît par l'image à demi-relief de la même déesse qui se trouve élevée contre ce magnifique bâtiment. Elles servaient aux divertissements et aux spectacles auxquels la fontaine de Nîmes, dans l'été, ne pouvait fournir assez d'eau pour divers jeux, pour les arrosages fréquents de l'Amphithéâtre, et surtout pour les bains dont les Romains ne pouvaient se passer. On voit contre le pont ces trois lettres A E A, que quelques-uns expliquent *Adrianus Antoninus extruxit Aquæductum*, et quelques autres, *Aqua emissa Amphithæatro*. Elles servaient encore à l'utilité publique, soit en fournissant avec abondance à la boisson des hommes et du bétail, soit en fertilisant les campagnes par des ruisseaux qui se répandaient en plusieurs endroits, soit en se distribuant aux bains publics ou particuliers et contribuant ainsi à la netteté et à la salubrité de la ville » (1).

C'est à Vipsanius Agrippa qu'on s'accorde à faire honneur du Pont du Gard. Il le fit élever, vers l'année 735 de la fondation de Rome, la dix-neuvième avant notre ère, alors qu'il vint, sur l'ordre d'Auguste, apaiser les troubles qui avaient été soulevés dans les Gaules. On croit généralement qu'au commencement du Ve siècle, l'acqueduc fut coupé par les Barbares qui voulurent ainsi priver la ville de Nîmes des eaux qu'il y conduisait. En 1743, les Etats de Languedoc votèrent la ré-

---

(1) FLÉCHIER. *Dissertation historique sur la ville de Nîmes et ses antiquités.*

paration du Pont-du-Gard, comme le rappelle une inscription latine placée sur la face occidentale du monument. On construisit alors le pont qui double le rang des arcades inférieures ; et dès 1747, les voitures et les chevaux purent facilement passer d'une rive à l'autre sans être obligés de traverser à gué le lit de la rivière. Il est question en ce moment de rétablir le monument dans son état primitif et de se servir de son acqueduc pour conduire de nouveau dans la ville de Nîmes les eaux de la fontaine d'Euze. (1)

A peu de distance du Pont-du-Gard, se trouve une grotte très-vaste qui sert de local pour la danse les jours de fête. A 1500 mètres plus loin, est une autre grotte vulgairement appelée la *Baume de la Sartanette:* elle est très-curieuse par ses cristallisations.

(1) Le marquis Scipion Maffei donne les dimensions du Pont-du-Gard d'après les anciennes mesures ; les voici selon le système métrique : Longueur totale prise au pied du troisième rang d'arcades, 269 mètres. — Hauteur du premier et du second rang d'arcades, 20 mètres 12 c. — Hauteur du troisième jusqu'au dessus des dalles du couronnement, 8 mètres 55 c. : ce qui fait une hauteur totale de 48 mètres 77 c. — L'épaisseur est au premier rang d'arcades de 6 mètres 56 c. ; au second rang, de 4 mètres 56 c. et au troisième de 3 mètres 6 c. — La saillie de la cimaise du couronnement est de 57 c.

CHAPITRE SEPTIÈME.

Excursion à la Fontaine de Vaucluse.

Mais revenons sur les terres du Comtat-Venaissin : les *Sonnetti* et les *Canzoni* de Pétrarque nous appellent à la Fontaine de Vaucluse. Vaucluse est à 29 kilomètres d'Avignon ; et les *Vetturini* Avignouais (1) se piquent de franchir cet espace dans trois heures, en dépit des rudes montées et des nombreux détours.

On sort par la porte saint-Lazare dépouillée maintenant de ses créneaux et de ses tourelles ; et, après avoir suivi pendant quelques instants la route de Lyon, l'on prend à droite celle de Digne. On passe d'abord devant le Cimetière et l'Abbaye de saint Véran, dont nous avons parlé à la page 103. On rencontre ensuite, au trivium formé par la jonction de trois routes, le beau moulin de *Réal-Panier*, bâti au commencement du XVe siècle par le cardinal Hugues de Montlong, évêque de St-Brieuc ; et plus loin, après le pont jeté sur le canal Crillon, le *Bourg annexe de Morières* (voy. la page 105).

A Morières on commence à gravir, au milieu des oliviers et des vignes, la colline qui borne au levant la plaine d'Avignon. Le voyageur s'aperçoit à peine de l'aspérité et de la longueur de la montée ; tant il est

(1) On trouve, à Avignon, des voitures pour Vaucluse dans tous les hôtels, à la naissance de la rue Calade et aux abords de la Porte de l'Oulle.

charmé par le point de vue qui s'offre à ses regards : c'est le magnifique panorama du Rocher-des-Doms vu d'un côté opposé.

Au haut de la montée, on voit le clocher de *Châteauneuf de Gadagne*, petit village dont les maisons s'étagent en amphithéâtre sur le versant oriental de la colline. Le bourg de Châteauneuf de Gadagne s'appelait autrefois *Châteauneuf de Giraud l'Ami*, du nom du seigneur qui se l'était fait inféoder au XIIe siècle: plus tard, en 1669, il fut érigé en duché par le pape Clément IX, en faveur du comte de Galéan Guadagni qui venait d'en acquérir la seigneurie.

Des hauteurs de Châteauneuf on descend dans la plaine : la route suit à très-peu de distance les rives verdoyantes de la Sorgue et se développe au milieu de prairies et de jardins dont la fertilité et la richesse pourraient presque le disputer au territoire si fertile et si riche d'Avignon. On trouve à gauche sur une petite élévation le vieux *Château de Thouzon* qui tombe depuis longtemps en ruines et sa jolie chapelle de St-Pierre dont l'architecture accuse le Xe siècle. Le château de Thouzon est célèbre dans l'histoire des guerres religieuses de la fin du XVIe siècle.

Après vient le Thor.

I

Le Thor.

Le Thor (*Castrum de Thoru*) est une petite ville de 4,000 âmes environ, bâtie dans une île de la Sorgue et environnée encore de ses antiques remparts. Son église,

Sainte-Marie-du-Lac, est un monument curieux et digne d'être visité : elle date au moins de la fin du XIe siècle ; c'est la plus complète et la mieux conservée de nos églises romano-bysantines. Le portail occidental en est la partie la plus remarquable. « Un fronton triangulaire, dit M. Mérimée, un fronton triangulaire dont l'angle supérieur est aigu, repose sur deux pilastres cannelés, terminés par des chapiteaux bysantins ornés d'oiseaux et de feuillages. Deux rangs de modillons, de forme presque romaine, soutiennent la corniche rampante. Au-dessous s'ouvre une porte cintrée flanquée de deux colonnes engagées, l'une torse, l'autre cannelée. Probablement le tympan, au sommet du cintre, était rempli par un bas-relief ; mais aujourd'hui ce tympan et le bandeau d'imposte sont tellement frustes qu'il est impossible d'y reconnaître aucune forme. Une colonne mince et grêle sur une base carrée divise la porte en deux parties. Au-dessus du fronton, deux fenêtres fort étroites, entourées d'un archivolte saillante, sont surmontées d'un œil de bœuf d'un très-petit diamètre, orné de plusieurs moulures concentriques. Trois autres fenêtres, un peu moins étroites que les précédentes, sont percées au sommet du galbe. Quelques modillons grossiers supportent un toit obtus comme presque tous ceux de la Provence (1). »

La porte méridionale, l'abside et le premier ordre de colonnes du clocher appellent aussi l'attention des archéologues.

Le terroir du Thor est extrêmement fertile. On y

---

(1) P. Mérimée. — *Notes d'un voyage dans le midi de la France.*

élève beaucoup de vers-à-soie, et la garance qu'il produit est très-estimée.

Cinq kilomètres seulement séparent le Thor de la ville de l'Isle.

II

L'Isle-sur-Sorgue.

L'Isle (*Insulæ*) est quelquefois appelée l'*Isle-de-Venise*; et c'est avec raison : car ainsi que Venise, elle sortit du sein des eaux. Au commencement du VIIIe siècle, le besoin d'échapper au cimeterre des Sarrazins d'Espagne poussa les populations voisines d'Avignon à se réfugier dans les marécages et les îlots de la Sorgue, comme quelques siècles auparavant, l'approche du farouche Attila avait contraint les habitants de la Lombardie à fuir dans les lagunes de l'Adriatique. L'Isle suivit presque toujours l'exemple et la fortune d'Avignon ; comme cette ville, elle se déclara indépendante et libre au XIIe siècle; au XIIIe, elle embrassa la cause des Albigeois ; puis elle passa sous la domination des comtes de Provence et des comtes de Poitiers, et elle finit par devenir la propriété du Saint-Siège.

La position de l'Isle est des plus pittoresques : environnée de tout côté par la Sorgue dont les eaux fraîches et limpides la traversent en tout sens, mettant en mouvement des milliers de fabriques, d'usines et de filatures, elle serait un séjour délicieux, si l'intérieur de ses murailles répondait à la beauté de ses dehors et de ses environs.

L'Isle était autrefois la quatrième ville du Comtat-Venaissin et la seconde de l'Evêché de Cavaillon. Elle avait ses franchises et ses libertés, ses statuts municipaux, son conseil de commune et ses trois consuls. Elle possédait un Chapitre de huit chanoines, quatre Couvents d'hommes (Cordeliers, Minimes, Capucins, Doctrinaires) et deux de femmes, un Collège, un Hôpital, un Mont-de-Piété, deux Confréries de Pénitents, etc.

Elle est aujourd'hui un chef-lieu de canton de l'arrondissement d'Avignon. Siège d'une Justice de Paix et d'un Commissariat de police, elle est administrée par un Maire et deux Adjoints; elle a une Aumône pour les pauvres et les vieillards, un Bureau de Bienfaisance, une Caisse d'épargnes, une Salle d'asile, une OEuvre de la Miséricorde, une Brigade de gendarmerie à cheval et une Compagnie de Sapeurs-Pompiers.

Les Frères des Ecoles Chrétiennes y sont chargés de l'éducation des garçons; celle des filles est confiée aux Sœurs de St-Charles, de Lyon, qui prennent soin aussi des pauvres de l'Aumône. Les Hospitalières de St-Joseph-de-la-Flèche dirigent l'Hôpital depuis le XVIIe siècle.

La paroisse érigée en cure de première classe est desservie par un curé assisté de quatre vicaires.

La population de l'Isle est de 6,503 habitants, d'après le recensement officiel de 1856 : elle est essentiellement industrielle et se livre avec ardeur à l'ouvraison des soies, à la fabrication du plâtre et à la confection des étoffes de laine.

L'église paroissiale, placée sous le vocable de *Notre-Dame-des-Anges*, a remplacé, en 1672, l'antique basilique romane qui s'écroula au mois d'octobre 1663, et dont il ne reste plus que l'arcature du sanctuaire. Elle est très-riche; et, au dire de M. Dusommerard, aucune autre église, en France, ne présente un ensemble plus complet de l'architecture et de l'ornementation italiennes (1). On y voit plusieurs tableaux de mérite, entr'autres une *sainte Madeleine*, de Pierre Parrocel, et une *Présentation*, de Nicolas Mignard, à côté de la chaire; dans la chapelle du St-Sacrement, les *Quatre Docteurs,* du même maître; dans cette chapelle se trouve un médaillon de la *Circoncision de J.-C.* que l'on attribue au Pérugin. L'*Assomption de la sainte Vierge* qui domine le maître-autel est une copie de Pierre Mignard le Romain : l'original de cette belle toile orne aussi le maître-autel de l'église de St-Louis-des-Français, à Rome. La magnifique fresque qui couvre l'arc triomphal est due au pinceau de M. Lacroix (d'Avignon), peintre et sculpteur distingué. Les deux Apôtres, qui décorent l'entrée de la chapelle du St-Sacrement, sont, dit-on, de Puget; et les nombreuses figures de la *gloire* qui surmonte la porte principale, appartiennent au sculpteur Angiolo de Florence.

L'Isle est la patrie de André-Jean-Baptiste de Brancas-Villars, grand-amiral de France au temps de la Ligue.

On sort de l'Isle en suivant le cours Salviati, ravissante promenade qui porte le nom d'un vice-légat d'Avignon et qui ferait honneur à bien des villes plus importantes; et on suit les bords de la Sorgue jusqu'à Vaucluse. Avant d'arriver à la célèbre Fontaine, on aperçoit sur le flanc méridional des collines qui bordent la route, le village et le château de Saumanes.

(1) J. COURTET. *Dictionnaire des Communes du département de Vaucluse.*

III

Saumanes.

Saumanes, petit village du canton de l'Isle, ne mérite la visite du voyageur et du touriste qu'à cause de son château. Cet édifice lourd et massif est une véritable forteresse : il est entouré de murailles peu élevées, mais admirablement disposées ; les redans, qui protégent la porte et les courtines, sont percés par des embrasures casematées pour l'artillerie. De la porte d'entrée une galerie couverte et à rampe conduit par plusieurs détours, tous défendus par de nombreuses meurtrières, jusque sur le terre-plein au-dessus duquel s'élève l'habitation seigneuriale construite à la fin du XVe siècle.

Ce château appartient aujourd'hui encore à la famille de Sade, qui possédait la seigneurie de Saumanes, depuis l'an 1401. Plusieurs membres de la maison de Sade se sont fait un nom dans le monde : au commencement du XVe siècle, Paul de Sade, évêque de Marseille, était premier ministre de la reine Yolande d'Aragon, veuve de Louis II d'Anjou ; en 1657, Richard de Sade, après avoir été camérier d'Urbain VIII, était nommé gouverneur de Tivoli et de Ravenne ; en 1719, un autre Richard de Sade, qui s'était distingué dans les guerres de Candie, mourait à Malte grand prieur de St-Gilles ; en 1730, Jean-Baptiste-François-Joseph de Sade était nommé ambassadeur du roi de France près la cour de Russie ; et en 1752, l'abbé de Sade écrivait, à Saumanes, ses trois volumes de *Mémoires sur la vie de François Pétrarque*; etc. (1)

L'église paroissiale de Saumanes est de la fin du XIIe siècle : elle possède une cloche de l'année 1400, que l'on croyait contemporaine de Charlemagne. Cette cloche porte cette inscription : *Christus Rex venit in pace. Deus homo factus est. Anno D. CCCC.*

IV

Vaucluse.

De Saumanes à Vaucluse il n'y a qu'un pas, pour ainsi dire. Après quelques détours, on arrive en face du gracieux acqueduc qui conduit à Carpentras les eaux de la Durance. Ce beau travail est l'ouvrage de MM. Perrier, ingénieur en chef, et Conte, ingénieur ordinaire : c'est en petit l'admirable monument de Roquefavour. Il est porté sur treize arcades cintrées de 25 mètres de hauteur : le canal enduit à l'intérieur d'une couche épaisse de chaux hydraulique présente une longueur de 159 mètres et relie entr'elles, au-dessus de la papeterie de *Galas*, les deux collines qui ouvrent le vallon de Vaucluse.

Ici la route offre une montée des plus rapides; elle suit, pour ne plus les quitter, les rives verdoyantes de la Sorgue; et, s'engageant dans un étroit défilé au bas de la grotte pittoresque que la patience et le bon goût

---

(1) Un nom vient, malheureusement, se placer à la suite de toutes ces illustrations : c'est celui du marquis Donatien de Sade, que ses débauches et ses romans licencieux ont rendu tristement fameux à la fin du dernier siècle.

de M. Villars de la Baume ont transformée en une ravissante villa, elle vient aboutir à l'église paroissiale de Vaucluse.

Vaucluse (*Valchiusa*, comme disent les italiens, ou *Vallis clausa*, suivant les latinistes modernes), est célèbre dans tout l'univers ; et il n'est pas une partie du monde habitable qui n'ait ouï parler de cette Fontaine que Pline appelait *noble source*, que Strabon et Florus mettaient au rang des merveilles de la nature, et qui dès la plus haute antiquité eut le singulier privilége d'attirer les peuples et les rois sur ses bords enchantés (1). Mais fût-elle restée inconnue aux humains jusqu'au XIVe siècle, que les poésies de Pétrarque suffiraient pour l'immortaliser.

Né, le 20 juillet 1304, à Arezzo, petite ville de Toscane, Francesco di Petracco eut à subir, jeune encore, les douleurs et les privations de l'exil : à peine âgé de 9 ans, il quittait l'Italie à la suite de son père victime de la faction des Guelfes et venait demander aux terres hospitalières du Comtat-Venaissin un refuge et un abri. Il atteignait à peine sa douzième année, lorsqu'il visita, pour la première fois, la Fontaine de Vaucluse : « Voilà, s'écria-t-il, la retraite qui convient à mon caractère ; je

---

(1) La Fontaine de Vaucluse était connue des Romains : le passage de Pline (*Hist. Nat. XVIII*) auquel nous avons fait allusion le prouve suffisamment ; on a trouvé d'ailleurs, sous le pavé de l'église de Vaucluse et dans les environs, de nombreux débris de l'art antique, des colonnes, des chapiteaux, des marbres, une coupe de bronze, un torse grec, etc. — En 1309, le roi Robert visita la Fontaine de Vaucluse avec son épouse et la reine Clémence, veuve de Louis le Hutin. — Au reste Pétrarque lui-même ne nous dit-il pas : *Fons per se olim notus, meo longo postmodum incolatu meisque carminibus notior.*

la préférerai, si je le puis jamais, à l'opulence des plus grandes cités. »

Et en effet plus tard, lorsque, fatigué des applaudissements que ses vers soulèvent autour de lui au milieu de la cour pontificale d'Avignon, dans les palais des cardinaux, des grands et des évêques; lorsque, ennuyé des triomphes et des ovations que lui décernent à l'envie les Universités, les Académies et les villes, et que, dévoré par la plus dévorante des passions, il cherche à éteindre le feu qui le consume, c'est à Vaucluse qu'il vient demander la tranquillité, le calme et le repos. Mais, hélas! le murmure des ondes qui retentit nuit et jour à ses oreilles, l'amosphère embaumée qu'il respire, les eaux fraiches et limpides qui entretiennent une verdure perpétuelle dans ses prairies et ses jardins, tout, jusqu'à la solitude immense des rochers qui l'entourent, tout lui rappelle l'objet de ses amours. Il chante cette Laure de Noves (1), dont la beauté l'a frappé

---

(1) Tous ceux qui ont écrit sur Pétrarque n'ont pu encore se mettre d'accord sur la naissance et la famille de la *belle Laure*. Laure de Sade, Laure des Baux, Laure de Noves, tels sont les noms que lui donnent les divers historiens d'Avignon. Quoi qu'il en soit, elle était née dans cette ville, et elle était alliée, soit par sa propre famille, soit par celle de son mari, aux premières maisons du pays. Elle était d'une beauté remarquable : Pétrarque la vit pour la première fois, le 6 avril 1327, dans l'église des Religieuses de Ste-Claire d'Avignon. On sait quel effet produisit sur le poète italien la vue de la noble Avignonaise. Mais elle resta fidèle à son époux; les chants qu'elle inspira et l'admiration que ces chants excitèrent autour d'elle ne purent, un seul instant, lui faire oublier la fidélité conjugale qu'elle avait jurée aux pieds des autels. Elle fut emportée par la peste noire, le 6 avril 1348. Vouée tout entière aux bonnes œuvres, elle fit avant sa mort son testament en faveur des pauvres d'Avignon, laissant entr'autres legs une somme

dans une église d'Avignon, et dont la vertu, plus encore que les liens sacrés qui enchaînent déjà sa destinée à celle d'un autre, mettent entr'elle et lui une barrière insurmontable; et, son imagination lui représentant comme des réalités ses désirs et ses rêves, il s'écrie dans un élan de sublime lyrisme :

    Chiare, fresche e dolci acque,
    Ove le belle membra
    Pose colà che sola a me par donna......

Ode admirable dont Voltaire a essayé de faire passer dans notre langue la mollesse attendrissante !

  Claire Fontaine, onde aimable, onde pure,
  Où la beauté qui consume mon cœur,
  Seule beauté qui soit dans la nature,
  Des feux du jour évitait la chaleur ;
    Arbre heureux, dont le feuillage,
    Agité par les zéphyrs,
    La couvrait de son ombrage
    Qui rappelle mes soupirs
    En rappellant son image ;
  Ornements de ces bords, et filles du matin,
Vous dont je suis jaloux, vous moins brillantes qu'elle ;
Fleurs qu'elle embellissait, quand vous touchiez son sein ;
Rossignols, dont la voix est moins douce et moins belle ;
Air devenu plus pur ; adorable séjour
    Immortalisé par ses charmes ;
Lieux dangereux et chers, où de ses tendres armes
    L'amour a blessé tous mes sens,

d'argent considérable à l'Hôpital du Pont d'Avignon. Elle fut ensevelie dans l'église des Cordeliers. (*Voyez page* 55.)

Ecoutez mes derniers accens,
Recevez mes dernières larmes !

Un jour que Pétrarque faisait répéter aux échos d'alentour, avec ses sonnets et ses poèmes, le nom de celle qu'il aimait, il reçut à la fois de Paris et de Rome deux lettres qui l'invitaient à se rendre dans ces villes pour y recevoir la couronne poétique. Quitter Vaucluse, quel sacrifice pour son cœur! Mais la passion de la gloire y était aussi forte que celle de l'amour; ou, pour mieux dire, c'était l'amour qui la rendait si forte. Il s'éloigna donc de ces lieux pleins de charmes; et, pour Rome dédaignant Paris, il alla, le 8 avril 1341, revêtu de la pourpre du roi de Naples, son admirateur et son ami, recevoir au Capitole cette couronne de lauriers que Domitien aux beaux jours de l'Empire voulut tresser pour le talent et le génie. Dès ce moment, mêlé, malgré lui, aux mouvements politiques de l'époque, il ne put plus donner à sa solitude de Vaucluse que les rares instants qu'il parvenait à dérober au tumulte des cours. Mais, en 1352, il dut dire un éternel adieu à sa chère Fontaine : la belle Laure venait de succomber aux atteintes de la peste : la Provence et le Comtat n'avaient désormais plus d'attrait pour lui. Il prit la route d'Italie; et, après avoir pendant quelques années encore occupé le monde de ses poésies et de ses épîtres, il fut trouvé sans vie, le 18 juillet 1374, au milieu de ses livres, à Arqua, petite ville des environs de Padoue.

On conçoit aisément que le séjour de Vaucluse ait pu charmer le poète italien : il y retrouvait le frais paysage de Tibur et les bruyantes cascatelles de l'Anio qu'avait chantés Horace; et l'on sait combien le souvenir de la patrie absente est propre à adoucir les peines de l'âme et les afflictions du cœur.

Pour aller du village de Vaucluse à la Fontaine, il faut prendre le sentier raboteux et escarpé qui domine la rive droite de la Sorgue. Ici, la nature change d'aspect : les bords de la rivière se dépouillent entièrement de leur fraîcheur et de leur verdure. Plus l'on gravit les flancs rocailleux de la colline, plus la végétation devient rare ; les côteaux du vallon n'offrent bientôt même aux regards que des pointes blanches et arides, des blocs énormes corrodés et des entassements de pierres et de roches entraînés par des pluies torrentielles.

Pétrarque nous a laissé lui-même, dans plusieurs de ses *Canzoni* la description de la Fontaine :

« Représentez-vous, dit-il, une petite vallée solitaire fermée par un demi-cercle de rochers presque tous taillés à pic. Sous la masse énorme qui est en face de vous, s'ouvre une double caverne, dont les ténèbres inspirent une religieuse horreur. Au milieu de cet antre la main de Dieu a creusé un bassin arrondi d'où s'élève paisiblement la source féconde de la Sorgue. De là, par des conduits souterrains, l'eau passe dans le milieu du lit où commence son cours, tandis que du pied des rochers latéraux et de distance en distance s'échappent des montagnes humides qui tombent à gros bouillons dans la rivière..... Vers l'équinoxe du printemps, alors que le Soleil entre dans la constellation du Taureau, et après les pluies de l'automne, la source déborde par dessus la barrière naturelle qui la sépare du lit de la Sorgue ; et se précipitant avec un fracas épouvantable, elle retombe en cascades écumantes sur des rochers couverts de mousse. A partir des cascades, la rivière peut porter bateau : ses ondes fraîches et limpides coulent alors avec un doux murmure entre deux rives verdoyantes et fleuries. »

Telle est la Sorgue à sa naissance. Elle se partage ensuite en plusieurs branches et s'en va fertiliser le territoire des seize communes qu'elle arrose ; puis elle vient, après un cours de 30 kilomètres, se jeter dans le Rhône par deux embouchures, l'une à la hauteur de la pointe de la Barthelasse et l'autre sous les murs d'Avignon. Ses eaux sont d'une limpidité cristalline et coulent sur un lit de gravier fin. Leur température moyenne est environ de 12 degrés centigrades. On y pêche en abondance des truites, des anguilles, des hombres et des écrevisses ; on y rencontre souvent des loutres, et quelquefois même l'on y a vu des castors.

La Fontaine donne, par jour, plus d'un million de mètres cube d'eau : l'immense réservoir qui l'alimente se trouve probablement sous la chaîne de montagnes qui unit les collines de Vaucluse à celle de Lure (Basses-Alpes). Le bassin d'où jaillissent ses eaux est un vaste abîme dont on n'a pu trouver encore la profondeur ; et les masses calcaires, qui s'élèvent perpendiculairement à 350 mètres au-dessus de ce gouffre, sont à 654 mètres au-dessus du niveau de la mer (1).

A l'entrée du vallon, un peu après les dernières maisons du village, l'on aperçoit sur la droite, au sommet d'un rocher, des ruines que l'on nomme improprement le *château de Pétrarque*. C'était jadis le château des évê-

(1) L'arc qui forme l'entrée de la caverne a 10 mètres de hauteur environ. La Fontaine, dans ses crues, s'élève au-dessus de cet arc à l'endroit où se trouve un figuier qui est la marque de la plus haute crue. La caverne a plus de 30 mètres de largeur.

ques de Cavaillon : bâti vers la fin du XIIIe siècle, il était encore habitable, à ce qu'il paraît, au commencement du du XVIIe. Du temps de Pétrarque, le cardinal Philippe de Cabassole, évêque de Cavaillon, et plus tard, patriarche de Jérusalem, en fit souvent sa résidence ; le cardinal était l'ami de Pétrarque, et il aimait à rendre visite à son illustre voisin. « Rappelez-vous, lui écrivait un jour le poète, rappelez-vous nos villégiatures à Vaucluse, ces journées passées ensemble dans les bois sans penser à manger, ces nuits entières consacrées à causer délicieusement parmi les livres au milieu desquels l'aurore venait nous surprendre. »

Au bas du manoir épiscopal se trouvait l'habitation de Pétrarque : elle était sur les bords même de la rivière ; car, dans une épître au cardinal Colonna, il se plaint que les Naiades viennent parfois envahir ses jardins : *Est mihi cum Nymphis*, dit-il, *bellum de finibus ingens*. Cette demeure qu'il avait embellie lui-même fut brûlée, en 1353, le jour de Noël. Les usines de M. Tacussel occupent, dit-on, son emplacement : M. Tacussel montre, dans un coin de son jardin, un laurier qui aurait été planté par le poète.

Le village de Vaucluse compte 563 habitants, presque tous occupés dans les papeteries ou les fabriques de soie qu'il renferme. Il est divisé en deux par la rivière. La partie qui se trouve sur la rive gauche de la Sorgue possède les restes d'un canal dont on fait honneur aux Romains et qui était destiné, dit-on, à conduire les eaux de la Fontaine à Cavaillon ou à Arles : la rue principale de Vaucluse serait l'ancien lit de ce canal qui aurait ainsi passé sous le tunnel qui la termine.

La partie qui est sur la rive droite appelle l'attention

des voyageurs, non point cependant à cause de cet *avorton architechtonique*, comme l'appelle M. J. Courtet, de cette maigre et ridicule colonne, qui, le 20 juillet 1804, fut solennellement érigée, par l'Athénée de Vaucluse, à la mémoire de Pétrarque, dans le bassin de la Fontaine, et qui, vingt-cinq ans après, fut transportée à la tête du pont. C'est l'église paroissiale qui mérite d'attirer les regards de l'archéologue. On peut hardiment la faire remonter, sans crainte d'être contredit, à la fin du Xe siècle : sa voûte en tiers point a ses arcs doubleaux à plein cintre ; l'arcade de son abside repose sur deux colonnes antiques cannelées (1) ; une autre colonne antique en marbre est surmontée d'un chapiteau mérovingien, curieux échantillon de l'art au VIe siècle ; un des autels est porté par cinq colonnes. M. l'abbé J.-F. André, curé de Vaucluse, qui est correspondant du ministère pour les travaux historiques et à qui l'on doit la découverte du chapiteau mérovingien et de l'autel-table dont nous venons de parler, se fait un plaisir de montrer aux étrangers toutes ces richesses architecturales : il a publié sur l'histoire de son église une Notice fort intéressante. C'est à lui qu'il faut s'adresser pour visiter le tombeau de St-Véran, petite chapelle basse du VIe siècle, adossée au transept de droite. Saint Véran, évêque de Cavaillon, naquit à Vaucluse, et il voulut y être enseveli : son tombeau devint un pélérinage des plus fréquentés de la contrée.

---

(1) Ces débris de l'art antique et d'autres en plus grand nombre encore, trouvés dans l'église romano-byzantine de Vaucluse, semblent faire croire qu'elle a été bâtie avec les restes d'un temple élevé par les Romains à la Nymphe de la Fontaine.

CHAPITRE HUITIÈME.

VISITE A L'ABBAYE DE SÉNANQUE.

A son retour de Vaucluse, le touriste peut revenir par Cavaillon et visiter en même temps l'Abbaye de Sénanque. Alors, au lieu de reprendre à l'Isle le chemin d'Avignon, il suivra la route impériale n° 100 qui mène à Digne. Il passera devant les villages de *Lagnes* et de *Cabrières d'Avignon*, célèbres, le premier, dans les fastes ecclésiastiques, par les fondements de la réforme des Dominicains, que le P. Antoine Lequieu, y jeta, en 1636, sous le nom du St-Sacrement; et le second, dans les annales militaires de la Provence, par le siège que soutinrent dans ses murs, en 1542, les Vaudois de Mérindol contre le corps d'armée du Président d'Oppède.

Mais en face du hameau *des Imberts*, à l'auberge de Coustellet, là où la route impériale est coupée par la route de Cavaillon, il prendra sur la gauche la montée qui gagne les collines ; et, au bout d'une heure de marche, il arrivera à Gordes.

I

Gordes.

Gordes (*Gordiæ*), chef-lieu de canton de l'arrondissement d'Apt, remonte à une très-haute antiquité. Cette petite ville, des monuments authentiques en font foi, existait déjà au temps de la domination romaine; elle était la capitale des *Vordenses*, peuples de la confédération des Cavares. Bien des siècles après, elle devint un des apanages de la fameuse maison d'Agoult de Simiane. Puis, elle fut érigée en marquisat par Louis XIII en faveur de Guillaume de Simiane, dernier descendant et unique héritier des barons d'Agoult. Des Simiane ce fief passa par les femmes aux Soubise d'abord, et ensuite aux Condé qui le possédèrent jusqu'à la révolution française.

La population de Gordes est de 2,889 habitants : elle a dû être autrefois plus considérable. Le château seigneurial sert aujourd'hui d'Hôtel-de-Ville. C'est un vaste édifice quadrilatéral flanqué d'une grosse tour à chacun de ses angles et couronné de terrasses : il a été construit dans la première partie du XVIe siècle. On y remarque une magnifique cheminée en pierre qui n'a pas moins de 10 mètres de long.

Gordes a vu naître le lieutenant-général Bertrand-Rambaud de Simiane qui avait fait ses premières armes sous le chevalier Bayard, et que ses exploits ont fait avec raison appeler l'*Epaminondas français*.

II

Sénanque.

Sénanque ! ce nom est encore peu connu. A part quelques touristes, quelques archéologues, il est peu de personnes qui pourraient dire ce que c'est que Sénanque. Et c'est un monument cependant qui mérite à plus d'un titre de fixer l'attention et d'attirer les regards. Sénanque était jadis, Sénanque est maintenant encore un monastère de Bernardins; et comme tel, il est situé dans une vallée ; car si Benoît aimait les collines, François les villages et Ignace les villes, Bernard avait préféré les vallées.

Bernardus valles, colles Benedictus amabat,
Oppida Franciscus, magnas Ignatius urbes.

La vallée de Sénanque se trouve derrière les montagnes de Vaucluse, dans l'arrondissement d'Apt, à 3 kilomètres de Gordes. Elle est étroite et solitaire : les collines qui l'entourent sont couvertes de bois taillis entrecoupés çà et là par de maigres cultures ; un torrent, *la Sénancole*, la parcourt dans toute sa longueur. Le chemin qui y conduit du côté de Gordes n'est guères qu'un sentier frayé à travers un plateau siliceux, aride et inculte. On ne découvre l'abbaye qu'au moment d'y arriver : elle apparaît tout-à-coup au fond du vallon qui se déroule sous les pieds du voyageur, et elle occupe le centre d'un paysage dont le calme et la solitude ont bien leurs charmes.

Fondée, le 23 juin 1148, en l'honneur de la Bienheureuse Vierge Marie, par Alphant, évêque de Cavaillon, elle prit le nom de Sénanque (*sana aqua*), probablement à cause de la bonté des sources qui l'avoisinent. Saint Bernard, abbé de Clairvaux, vivait à cette époque; il eut une large part dans la fondation de l'abbaye ; et l'on dit qu'il en fit comme son quartier-général, lorsqu'il vint évangéliser les villages environnants que l'hérétique Pierre de Bruys avait entraînés dans sa malheureuse défection.

Dès son berceau, Sénanque s'abrita sous la protection des barons de Simiane qui possédaient le fief de Gordes, comme nous l'avons dit plus haut; et c'est grâce à la munificence presque royale de ces puissants seigneurs, les plus illustres peut-être et les plus nobles de la Provence, que s'élevèrent les bâtiments de l'abbaye et ses nombreuses dépendances.

L'église, comme les parties les plus anciennes du couvent, date de la dernière moitié du XIIe siècle: elle mesure une longueur de 33 mètres, y compris l'abside, sur une largeur totale de 20 mètres. C'est un morceau d'architecture vraiment curieux à étudier. L'ornementation y est nulle, suivant les *us et coutumes* de Cîteaux; et l'on dirait que la règle ait voulu étendre jusque sur la pierre son austère sévérité. La nef principale voûtée en berceau à tiers-point prend jour à l'orient par deux fenêtres étroites, et au midi par un *oculus* à douze lobes cintrés: à droite et à gauche, cinq arcades la séparent des nefs latérales dont la voûte consiste dans les trois quarts d'un berceau ogival. Le transept est d'une part limité par la sacristie, et, de l'autre, par un autel sans abside surmonté d'une rose à meneaux et placé auprès du mausolée de Geoffroy, seigneur de Vénasque, insigne bienfaiteur du couvent: au milieu, un dôme de forme trapézoïde communique avec le clocher par une ouverture circulaire. Cinq absides, voûtées en cul de four et percées de petites fenêtres, achèvent le sanctuaire: elles renferment encore les autels primitifs qui se composent d'une simple table de pierre posée sur un cube sans ornement. Sur le maître-autel on voit l'ancien tabernacle en bois peint qui vient d'être restauré avec le plus grand soin: c'est une tour octogone du

XII° siècle entièrement à jour, surmontée d'une flèche cantonnée d'aiguilles et entourée de pignons.

Le cloître est contigu à l'église : il rappelle par l'élégante variété de son ornementation et son bel état de conservation les fameux cloîtres que l'on admire à St-Trophime, à Montmajour, à St-Remy et à Aix. Les chapiteaux de ses soixante-quatre colonnettes accouplées et ceux de ses seize piliers étalent une magnifique végétation de pierre qu'un ciseau de nos jours serait impuissant à reproduire.

La salle capitulaire s'éclaire sur le cloître, de chaque côté de sa porte d'entrée, par deux ravissantes baies, que séparent des colonnes géminées à chapiteau sculpté. Plus basse que le cloître, elle est voûtée d'ogives retombant sur des piliers, faisceau de colonnettes debout dans l'axe de la salle.

Le chauffoir s'ouvre aussi sur le cloître. On y voit deux vieilles cheminées coniques assez grandes pour recevoir dans leur large foyer des troncs d'arbre entiers. La voûte d'arête de cette pièce repose également sur un pilier-colonne.

Au premier étage se trouve le dortoir des religieux, dont la voûte n'est autre que le prolongement de celle du transept de l'église : cette salle immense est éclairée, à l'occident, par un nouvel *oculus* polylobé.

Les autres parties du monastère sont de construction moderne et n'offrent rien de remarquable, à l'exception toutefois de son petit clocher roman.

En 1509, l'abbaye de Sénanque fut donnée en commende, par le roi Louis XII à François d'Estaing, évêque de Rhodez, et vice-légat d'Avignon : elle perdit alors pour toujours ses abbés réguliers et n'eut plus que des abbés commendataires. Ce fut sa perte : sur la fin du dernier siècle, elle ne comptait qu'un seul religieux, et plusieurs de ses bâtiments commençaient à tomber en ruines. En 1791 elle fut vendue comme *bien national*. Ses nouveaux possesseurs la respectèrent ; et, plus heureuse que tant d'autres maisons religieuses, elle ne vit point disperser les pierres de son sanctuaire, ni ses murailles tomber avec fracas sous un marteau dévastateur. Elle ne fut plus néanmoins qu'une vaste solitude au milieu d'une solitude plus vaste encore : l'airain sacré avait cessé de se faire entendre dans son clocher; son église servait de retraite aux oiseaux nocturnes et aux reptiles; les ronces et les buissons croissaient à l'envi sur ses toitures et enlaçaient ses clochetons; les feuilles sèches s'amoncelaient, poussées par le vent, sous les voûtes du cloître, sur les degrés de la salle capitulaire; et le reste des habitations monastiques n'abritaient plus que de pauvres fermiers avec leurs troupeaux et leurs bêtes de sommes.

Heureusement, en 1854, les Frères-Cultivateurs qui venaient de faire pendant plusieurs années un premier essai de la vie religieuse à N.-D.-de-la-Cavalerie, vers l'extrémité sud-est du département de Vaucluse, songèrent à racheter l'abbaye de Sénanque pour la rendre à son ancienne destination. En prenant possession de ce magnifique monastère, sous le nom de *Bernardins de l'Immaculée-Conception*, ils y ont rétabli l'antique observance de Cîteaux: leur règle est celle de la Trappe, sauf certains adoucissements, certaines modifications que semblent exiger et l'affaiblissement des santés et les habitudes de notre âge. Le travail des champs uni à la prière fait leur occupation de chaque jour. Pauvres comme de vrais disciples de J.-C., ils n'ont apporté en

8

rentrant à Sénanque, que les vertus et la ferveur des grands siècles du moyen-âge. Mais la charité chrétienne ne leur a point fait défaut; et ce n'a pas été en vain que le Bernardin de Sénanque s'est présenté, couvert de sa blanche tunique et de son scapulaire azuré, au sein des plus opulentes cités comme à l'entrée des plus modestes villages.

Il règne tout autour de l'abbaye de Sénanque un silence profond qui donne au voyageur une idée de ce silence non moins profond, qui régnait autour de Clairvaux aux beaux jours de sa gloire et que les visites multipliées des Pontifes et des Rois avec leurs suites nombreuses n'avaient pu troubler un seul instant.

« Quand on descendait de la montagne, dit Châteaubriand dans sa *Vie de l'abbé de Rancé*, et que l'on était près d'entrer dans Clairvaux, on reconnaissait Dieu de toutes parts. On trouvait au milieu du jour un silence pareil à celui de la nuit. Le seul bruit qu'on y entendît était le son des divers ouvrages des mains, ou celui de la voix des Frères qui chantaient les louanges du Seigneur. La renommée seule de cette grande aphonie imprimait une telle révérence, que les séculiers craignaient de dire une parole. »

Un écrivain habile et exercé a fait, avec un rare talent, l'histoire de Sénanque: il l'a publiée au profit de l'abbaye. On la trouve au monastère avec un album contenant les principales vues du couvent, celle de l'église, celle du cloître, etc.

III

Apt et la vallée du Caulon.

De Gordes le touriste pourra descendre dans la vallée du Caulon, et, si le cœur lui en dit, continuer son excursion jusqu'à Apt.

Le Caulon ou Calavon est un torrent qui prend sa source à Banon dans les Basses-Alpes, et qui, après avoir traversé le territoire de treize communes du département de Vaucluse, vient se perdre dans la Durance au-dessous de Cavaillon. La vallée du Caulon est limitée d'un côté par cette chaîne de collines qui part de la Fontaine de Vaucluse et se prolonge dans la direction de l'Est, de l'autre par le Luberon, autre chaîne de collines qui s'étend de Cavaillon à Manosque et dont les plateaux, les défilés et les gorges servirent bien souvent de retraite aux Vaudois pendant les guerres religieuses de la fin du XVIe siècle.

L'on rencontre d'abord sur la route impériale, le sanctuaire de *N.-D.-des-Lumières*, pèlerinage célèbre dans toute la Provence et visité chaque année aux mois d'août et de septembre par une foule immense accourue de tous les points du diocèse d'Avignon et des diocèses voisins. L'église de N.-D.-des-Lumières, grande et belle construction du XVIIe siècle, est desservie par les Oblats de Marie-Immaculée de Marseille: elle appartenait, avant la révolution française, à l'ordre des Carmes-Déchaussés. Elle est le centre d'un petit hameau qui possède un relais de poste et une brigade de gendarmerie à cheval.

A 15 kilomètres de N.-D.-des-Lumières, vers l'extrémité nord-est de la vallée du Caulon, se trouve la ville d'Apt.

Apt (*Apta Julia Vulgientium*), aujourd'hui chef-lieu d'arrondissement du département de Vaucluse, était autrefois ville épiscopale (1) et siège de la Viguerie qui portait son nom. Elle était, bien avant l'établissement des Romains dans les Gaules, la capitale des Vulgientes, des Apollinaires et des Albices; sous Jules-César, elle obtint, avec le nom de ce conquérant, le droit de latinité; et, sous Auguste, elle devint la première cité de la troisième Viennoise. Elle eut ensuite, comme toutes les villes de cette partie de l'ancienne province romaine, beaucoup à souffrir de l'invasion des hordes barbares, notamment de celle des Sarrazins; puis elle resta assez longtemps dans l'oubli et l'obscurité; et ce n'est que vers le XIe siècle qu'elle reparait dans l'histoire en se déclarant ville libre du saint Empire, sous l'autorité de ses comtes d'abord, et ensuite sous la double juridiction de ses consuls et de son évêque. Plus tard, elle tomba sous la souveraineté des comtes de Provence de la maison d'Anjou; et enfin, elle fut réunie à la France avec le reste de la Provence sous le règne de Louis XI.

La ville d'Apt compte 5,770 habitants : il s'y fait un commerce considérable de truffes noires, de cire, de miel, de confitures, de faïence et de poteries.

L'ancienne cathédrale d'Apt est justement remarquable, non point tant à cause de son architecture qui offre, selon l'expression de M. J. Courtet, *le rare phénomène de trois styles accouplés*, que pour ses deux cryp-

---

(1) L'Évêché d'Apt, fondé en 112 par St-Auspice, disciple du pape St-Clément, compte 92 évêques jusqu'à la révolution française.

tes superposées construites sous le chœur : l'une d'elles, la crypte supérieure, d'architecture romane à trois nefs et à déambulatoire, renferme d'anciens tombeaux. Cette église est en grande vénération dans la contrée : elle possède de nombreux corps saints, entr'autres celui de sainte Anne, si l'on en croit la tradition du pays. Son trésor contient une chasse en cuivre doré et émaillé du XIIe siècle avec figures à mi-corps ; plusieurs coffrets du XVe siècle en pâte dorée et coloriée ; le livre de prières de sainte Delphine de Sabran, beau manuscrit du XIVe siècle ; un magnifique autel en marbre du XIIe siècle, prodigieusement enrichi de colonnettes et de fines ciselures ; un sarcophage gallo-romain ; deux *fiaschi* blancs en verre de Venise du XVIe siècle, perlés en émaux des plus riches couleurs, dont l'un contient le *Voile de sainte Anne*, longue bande de mousseline de l'Inde tissue d'or et de soie en dessins symboliques, à inscriptions arabes et contemporaine de la première croisade ; et une nombreuse bibliothèque de manuscrits, parmi lesquels on compte un antiphonaire en neumes et deux autres guidoniens, tous les trois excessivement curieux.

Quant aux tableaux, il y en a un grand nombre dans cette église, et plusieurs sont de maîtres : on y voit entr'autres un *saint Jean-Baptiste* de l'école bysantine ; de belles toiles de l'aptésien Delpech, peintre distingué du dernier siècle ; une *sainte Anne*, de Nicolas Mignard, don de la reine Anne d'Autriche, etc.

L'église des Pénitents Blancs d'Apt mérite d'être visitée : la richesse et la prodigieuse variété des moulures qui en sont l'ornementation principale, font de ce petit sanctuaire un des plus beaux modèles de l'architecture du XVIe siècle.

La Mairie, la Sous-Préfecture et le Tribunal occupent l'ancien évêché, magnifique bâtiment que fit construire, en 1754, Mgr. de la Merlière avec les matériaux d'une vieille église des Templiers (1).

Apt est la patrie d'Elzéar Scudéry, père de l'auteur du roman de *Cyrus*; du comte Camille de Tournon, préfet de Rome sous l'Empire et pair de France sous la Restauration; de Ripert de Monclar, procureur-général près le Parlement de Provence; de l'abbé Rive, célèbre bibliographe, etc.

Au lieu de revenir sur ses pas, on peut en quittant la ville d'Apt prendre l'autre côté de la vallée. On traverse alors le *Pont Julien*, jeté par les Romains sur le Caulon. Ce monument se trouve sur le territoire de Bonnieux; c'est un ouvrage vraiment curieux : ses trois arches dont une, celle du milieu, a plus d'élévation que les deux autres, sont formées par des pierres de taille à grand appareil juxta-posées sans ciment. A ce pont vient aboutir une ancienne voie romaine qui porte dans le pays le nom de *Chemin Romieu*.

On rencontre ensuite successivement, *Ménerbes*, qui est perchée comme un nid d'aigle à la cime d'un roc abrupte et escarpé, et qui fut pendant cinq ans, de 1573 à 1578, la citadelle des protestants dans nos contrées; *Oppède*, dont les maisons, bâties en amphithéâtre sur un mamelon verdoyant, occupent très-probablement la place du *Fines* des anciennes cartes romaines; *Maubec*, qui possède un grand nombre de tombeaux romano-

(1) Apt possède un Collège communal, deux Hospices, un Mont-de-Piété, un Bureau de Bienfaisance, une Caisse d'épargnes, une Brigade de gendarmerie à cheval, etc. — Le canton d'Apt comprend la ville d'Apt et douze communes environnantes.

chrétiens dans son cimetière de St-Maurice ; *Robions* , que ceignent encore, en partie au moins, de vieilles murailles; *Taillades*, avec les ruines de son vieux château, son *Mourvelous*, figure colossale grossièrement sculptée sur la base d'un rocher, et sa jolie chapelle romane du XIIIe siècle; et l'on arrive à Cavaillon.

IV

Cavaillon.

Cavaillon (*Cabelho Cavarum*, *Cabalio*) s'élève, sur la rive de la Durance, au milieu d'un vaste territoire, dont les jardins produisent les meilleurs légumes de la contrée et surtout les melons les plus savoureux de la France. Le lundi de chaque semaine, il se tient dans ses murs un marché très-important pour les soies. Sa population, qui était en 1806 de 5,750 habitants, s'élève actuellement, d'après le recensement officiel de 1856, à 7,431.

Son histoire est celle d'Avignon. Fondée par les Cavares, la ville de Cavaillon prit parti pour les Phocéens de Marseille, lorsque ces hardis navigateurs voulurent étendre leur puissance dans l'intérieur des terres. Sous la domination romaine, elle reçut le titre de Colonie ; plus tard, elle fut mise au nombre des cités latines (1).

(1) Sous la domination romaine, il y avait, à Cavaillon, un célèbre collège d'utriculaires ou corporation de nautonniers qui, à défaut de pont et de barques, faisaient passer, aux voyageurs, les rivières sur des outres gonflées. M. Calvet, fondateur du Musée d'Avignon ; publia, en 1766, une curieuse *Dissertation sur un monument singulier des utriculaires de Cavaillon.*

Au démembrement de l'empire de Charlemagne, elle proclama son indépendance ; et ses gouverneurs, devenus ses vicomtes, se signalèrent à l'époque de la guerre des Albigeois. Puis, sur la fin du XIIIe siècle, elle passa avec le reste du Comtat-Venaissin sous l'autorité temporelle des Papes.

Avant la révolution française, Cavaillon était un siège épiscopal (1). Son ancienne cathédrale, qui sert aujourd'hui d'église paroissiale, fut consacrée, vers 1251, en l'honneur de l'Annonciation de la Ste-Vierge, par le pape Innocent IV, qui revenait du premier Concile œcuménique de Lyon. Elle est des premières années du XIe siècle, et son architecture se rapproche assez de celle de la Métropole d'Avignon : nef unique voûtée en tiers-point à berceau, piliers massifs séparés latéralement par des arcades cintrées et cantonnés de colonnettes, dôme porté sur des trompes coniques et des arcs en encorbellement à l'entrée du chœur, etc. Son chevet est très-remarquable à l'extérieur par ses grandes colonnes et sa frise qui rappelle l'ornementation antique. Il y a dans cette église plusieurs bonnes toiles : au fond de l'abside, une *Annonciation*, de Nicolas Mignard, un peu dégradée, il est vrai, par un restaurateur inhabile ; — une *Madeleine*, du même peintre, dans la deuxième chapelle à gauche ; — la *Vierge et l'Enfant Jésus*, de Guillemin, (1re chapelle à gauche) ; — le *vénérable César de Bus*, de Pierre Parrocel, (3e chapelle à gauche) ;

---

(1) Le siège de Cavaillon, fondé vers l'an 522, a eu 77 évêques. Il y avait à Cavaillon une maison de l'Ordre de Malte, des Dominicains, des Capucins, des Doctrinaires, des Carmes-Déchaussés, des Ursulines, des Bénédictines, des Carmélites, des Bernardines, et trois Confréries de pénitents.

— *saint Véran*, évêque de Cavaillon, de Pierre Mignard le Romain, (5ᵉ chapelle à droite); — et dans la 4ᵉ chapelle à droite, une *Nativité*, attribuée au même Mignard; *saint Joseph et l'Enfant Jésus*, du même; la *sainte Vierge et sainte Thérèse*, du même encore; et un *saint Augustin et sainte Ursule*, sans signature. Le tombeau de l'évêque Jean-Baptiste de Sade, que l'on trouve en sortant de la chapelle des *Ames du Purgatoire*, est peut-être, comme l'a écrit quelque part un homme de goût, ce que la statuaire a produit de mieux dans le Comtat au XVIIIᵉ siècle.

Au midi de l'église est un petit cloître dont la lourdeur dénote aisément la fin du Xᵉ siècle, ou tout au moins le commencement du XIᵉ.

Non loin de là, on voit un monument romain qui a plutôt l'air d'un temple votif que d'un arc de triomphe: il daterait, selon M. Alexandre de Laborde, du siècle d'Adrien; suivant d'autres archéologues, du règne de de Néron, et suivant quelques-uns, du siècle de Constantin. Ce monument est demeuré longtemps enfoui dans une des cours de l'ancien palais épiscopal; et ce n'est que depuis quelques années qu'on peut le voir complètement dégagé de la terre qui le couvrait presque entièrement. Il a malheureusement subi des mutilations nombreuses; cependant on peut encore juger combien il était élégamment décoré et richement orné dans toutes ses parties. On doit surtout remarquer les deux Victoires qui remplissent les écoinçons de l'archivolte, et les gracieux rinceaux qui montent le long des piédroits.

Cavaillon est aujourd'hui chef-lieu de canton de l'arrondissement d'Avignon. Sa cure est de première classe

8.

en souvenir de son ancien évêché ; il y a des Frères des écoles chrétiennes, une Communauté des religieuses de Notre-Dame de Bordeaux, un Hôpital desservi par les sœurs du St-Sacrement de Romans, un Bureau de bienfaisance, une Caisse d'épargnes, une Brigade de gendarmerie à cheval, une Compagnie de Sapeurs-Pompiers, etc.

Le cardinal Philippe de Cabassole, le vénérable César de Bus, fondateur des Doctrinaires, l'éloquent Ciceri, l'érudit de Haitze, le musicien Castil-Blaze, son frère Elzéar Blaze le chasseur, et les généraux Chabran et Monnier ont vu le jour à Cavaillon.

De Cavaillon à Avignon il y a 27 kilomètres : on rencontre sur la route d'abord le village de *Caumont*, ancien fief de la famille de Seytres, puis la Chartreuse de *Bonpas*, et l'église de *Montfavet* dont nous avons parlé au chapitre quatrième.

CHAPITRE NEUVIÈME.

VOYAGE A VAISON.

Voici une nouvelle excursion que nous proposons au touriste et surtout à l'archéologue ; c'est une dernière course à travers le département de Vaucluse, un voyage à Vaison, la ville aux antiquités. Celui qui ne connaît point Orange, devra profiter de cette occasion pour visiter les manifiques monuments de la domination romaine qui sont encore debout dans cette cité. Il prendra donc à Avignon, par l'un des trains de montée, le Chemin de Fer de Lyon à la Méditerranée. Il passera successivement devant *le Pontet*, dont nous avons parlé à la page 104 ; *Sorgues*, petite ville de 4,000 âmes, bâtie non loin des ruines de *Cypresseta*, et à laquelle des usines et des fabriques en grand nombre communiquent un mouvement et une activité incroyables ; *Bédarrides*, ancien fief des archevêques d'Avignon, qui, dit-on, doit son nom (*Biturritæ*) à deux tours élevées aux rives de l'Ouvèze, par Domitius Ænobarbus et Quintus Fabius, en souvenir de leurs victoires sur les Allobroges; *Courthézon,* la patrie du vice-amiral d'Augier et du mathématicien Saurin ; *Châteauneuf - Calcernier* ou *Châteauneuf-du-Pape*, renommé pour ses vignobles de la Nerthe, de Condorcet et de St-Patrice ; et, au bout d'une heure, il arrivera à Orange.

I

Orange.

Orange (*Arausio*, *Auraica*, *Arausica*), est située non loin des bords du Rhône, à 30 kilomètres d'Avignon. Sa population est de 10,621 habitants ; et les 7,269 hectares de son territoire, que traverse la petite rivière de la Meyne, produisent en abondance la vigne, les fourrages, la garance, les mûriers et les céréales. Chef-lieu d'arrondissement, siège d'un tribunal de première instance et de deux justices de paix, et l'une des grandes stations du chemin de fer de Lyon à la Méditerranée, cette ville est le centre d'un commerce considérable : son marché du jeudi de chaque semaine et ses cinq foires annuelles sont pour les soies, les cocons, les garances, les grains et les laines un des principaux débouchés du pays. Elle possède deux paroisses (1), une maison de Frères des Ecoles chrétiennes, trois couvents de religieuses, un temple protestant, un hospice, une caisse d'épargnes, un orphelinat de filles, une salle d'asile, une conférence de St-Vincent-de-Paul, un conseil des Prud'hommes, un collège communal, une bibliothèque publique, une société d'agriculture, une caserne de cavalerie, une brigade de gendarmerie à cheval, etc.

Elle est bâtie au nord d'une petite colline, et au mi-

---

(1) Orange était avant le Concordat le siège d'un évêché qui datait du premier siècle de l'ère chrétienne et qui a compté 98 prélats. Il y avait aussi à Orange une Université fondée, en 1365, par l'empereur Charles IV et le pape Urbain V.

lieu d'une vaste plaine que limitent, d'un côté, les roches de Gigondas, et de l'autre, les côteaux du Languedoc.

L'origine d'Orange est inconnue, bien que certains historiens aient cru devoir attribuer sa fondation aux Phocéens de Marseille. Ce qui est sûr, c'est qu'elle remonte à une haute antiquité et qu'elle appartenait à la confédération des Cavares : Adrien de Valois prétend même qu'elle était leur capitale. Lorsque Jules César eut fait la conquête de la Gaule, il donna Orange aux vétérans de la seconde légion. Transformée alors en ville latine sous le nom de *Colonia Julia Secundanorum*, la vieille bourgade celtique devint bientôt une des plus importantes cités de la province Viennoise : elle agrandit son enceinte et se couvrit de somptueux édifices. Mais, à la chûte de l'Empire romain, elle eut beaucoup à souffrir de l'invasion des Barbares : les Francs, les Ostrogoths et les Bourguignons s'en emparèrent tour-à-tour ; et vers le milieu du VIIIe siècle, les Sarrazins la livrèrent au pillage et à l'incendie. Sous Charlemagne, en 793, elle fut érigée en principauté particulière en faveur de Guillaume-au-Cornet, qui la transmit aux Adhémar.

Elle passa ensuite par le moyen des successions et des alliances, en 1185, à la fameuse maison des Baux ; en 1393, à la puissante famille de Châlons, et, en 1530, aux princes de Nassau, qui ne paraissent plus dans l'histoire qu'avec le titre de *Princes d'Orange*. L'un d'eux, Guillaume VI fonda, en 1579, la république de Hollande ; et, en 1688, son arrière petit-fils, Guillaume-Henri, monta sur le trône d'Angleterre, sous le nom de Guillaume III. Ce fut sous ces princes, en 1561, que le protestantisme envahit Orange et fit de cette ville son principal boulevard pendant les guerres religieuses de la fin du XVIe siècle. Le roi Guillaume III étant mort sans héritier en 1702, Louis XIV s'empara de sa principauté qu'il adjugea à Louis de Bourbon, prince de Conti : la paix d'Utrecht ratifia ensuite cette usurpation. Mais, en 1731, le prince de Conti céda sa souveraineté à la France; et Orange fut dès-lors comprise dans la province du Dauphiné.

La ville d'Orange, malgré les ravages du temps et en dépit du vandalisme des hommes, est encore aujourd'hui une ville toute romaine : l'œil exercé de l'archéologue y découvre presque à chaque pas, plus qu'à Arles peut-être, des traces de la domination du peuple-roi. Mais ce que tout le monde peut admirer, c'est un arc de triomphe, ce sont les restes imposants d'un cirque et les constructions grandioses d'un théâtre. Les hordes barbares avaient entassé tant de ruines autour de ces monuments qu'ils restèrent à peu-près ignorés jusqu'au XVIIe siècle.

1° L'*Arc de triomphe* d'Orange est à l'entrée de la ville du côté du Nord. Il fut élevé, sous le règne de Tibère, pour perpétuer le souvenir de la victoire remportée par les lieutenants de ce prince, sur les Belges de Julius Florus et sur les Gaulois de Julius Sacrovir (1). Il est en pierre calcaire de Baumes-de-Transit; sa longueur est de 19 mètres 48, sa largeur de 8 mètres 50, et sa hauteur de 18 mèt. 80. Il a la forme d'un rectangle, et il

---

(1) Telle est du moins l'opinion que M. Charles Lenormant, de l'Académie des Inscriptions et Belles-Lettres, a récemment émises à l'Institut, devant les cinq Académies réunies, dans son *Mémoire sur l'Arc de triomphe d'Orange, sur l'époque de ce monument et sur les sujets qui y sont représentés.*

est percé de trois arcades, une grande et deux petites. La grande arcade a 8 mètres 50 de hauteur sur 5 d'ouverture, et les deux autres ont 6 mètres 38 de hauteur et 2 mètres 98 d'ouverture. Ce monument est d'ordre corinthien : il est surchargé de sculptures ornementales et statuaires, telles que bas-reliefs de batailles, attributs nautiques, faisceaux d'armes et trophées. Un fronton triangulaire est appliqué sur chacune de ses faces et repose sur un entablement aux moulures ornées d'oves et de rais-de-cœur, porté lui-même sur des colonnes cannelées : ces colonnes, au nombre de douze, sont engagées d'un peu moins de la moitié de leur diamètre. Deux grands bas-reliefs décorent le ressaut de l'attique sur les deux faces: ils représenteraient, l'un la défaite de Julius Florus, l'autre celle de Julius Sacrovir. Le tympan des frontons au-dessus de la grande arcade paraît avoir été décoré des bustes de Jupiter et de Diane. La voûte des arcades est couverte de caissons d'une trèsbelle exécution. Vers le milieu du XIIIe siècle, un des princes d'Orange, Raymond des Baux, comprit l'Arc-de-triomphe dans les fortifications d'un château-fort qu'il faisait construire pour la défense de la ville. Heureusement, en 1721, le prince de Conti commença à dégager le monument romain des constructions lourdes et massives qui l'obstruaient. En 1826, seulement l'on a songé à réparer les dégradations nombreuses qu'il avait subies; et MM. Auguste Caristie et Prosper Renaux, qui ont été chargés de ce travail, s'en sont acquittés aux applaudissements de tous les amis sincères et éclairés des beaux-arts.

2° Le *Théâtre antique*, l'un des plus beaux monuments dont les Romains aient jamais doté leurs colonies, est au bas de la montagne à laquelle est adossée la ville. Il pouvait contenir environ 7,300 spectateurs; sa longueur est de 103 mètres 15 centimètres, et sa profondeur de 77 mètres 16. Sa façade à grand appareil en calcaire coquillé est complètement dégagée depuis quelques années : elle a 36 mètres 82 centimètres de haut. Sa partie inférieure d'ordre dorique est percée d'arcades et de trois portes; sa partie intermédiaire offre des arcades simulées, et sa partie supérieure présente un double rang de corbeaux en pierre destinés à recevoir les mâts du *Velarium*. L'intérieur a conservé les traces d'un incendie : on y voit encore le mur du fond de la scène avec les restes des entablements en marbre qui le décoraient, l'hémicyle qu'on reconnaît parfaitement au mur de soutènement des terres de la montagne, cinq des vingt-quatre gradins qu'il renfermait, et un grand nombre de fragments de colonnes en granit, cipolin, jaune antique et marbre blanc, etc. Maurice de Nassau avait fait, en 1622, de ce magnifique édifice l'un des ouvrages avancés de la forteresse qu'il avait élevée sur la colline.

3° Un portique qui subsiste encore du côté de l'ouest, mettait le Théâtre en communication immédiate avec le *Cirque*. Ce monument n'avait pas moins de 400 mètres de long sur 80 mèt. de large. Son hémicycle se voit encore; il est, comme celui du Théâtre, creusé dans les flancs de la montagne : formé d'un mur en moëllons de petit appareil, il a 22 mètres de hauteur. On a découvert dernièrement, sur le côté gauche, l'un des *Mœnianum*, espèce de tour de 12 mètres de hauteur, et 100 mètres environs de murailles sur le côté droit.

Orange montre encore avec orgueil sa vieille cathédrale, la *Basilique Libérienne*, ainsi appelée du nom de son fondateur Liberius, préfet des Gaules, pour la distinguer de la basilique Justinienne, construite, vers le milieu du Ve siècle, par l'évêque Juste, et dont il ne reste plus pierre sur pierre. La basilique Libérienne, dédiée à N.-D. de Nazareth, était achevée en 529, lorsqu'il s'y tint ce Concile célèbre, que présida un Père de l'Eglise, l'illustre saint Césaire, archevêque d'Arles. Ruinée par les Visigoths et les Sarrazins, elle fut reconstruite en 1126. Mais elle a été défigurée depuis; et c'est à peine si sa porte latérale et ses trois absides aujourd'hui masquées ont gardé le cachet du XIIe siècle.

Près de Notre-Dame de Nazareth, au centre d'une petite place s'élève la statue en marbre blanc d'un prince d'Orange, Raimbaud II qui suivit Raymond de Saint-Gilles à la première croisade et qui mourut en Terre-Sainte, vers 1121 : elle est due au ciseau de M. Daniel Delocle.

Outre les édifices que nous venons de décrire, l'on voit encore à Orange des restes nombreux, mais indignement mutilés, de constructions romaines : il y avait entr'autres un amphithéâtre dont l'emplacement est assez exactement déterminé par le quartier appelé les *Arènes*. Plusieurs archéologues d'Orange ont eu l'heureuse idée de recueillir des débris des monuments antiques épars çà et là dans leur ville : la plus remarquable de ces collections, sous le rapport de la numismatique romaine, est celle de M. de Champié.

II

Vaison.

Il y a 24 kilomètres d'Orange à Vaison : la route passe à Camaret, au Rasteau et à Roaix, localités qui n'offrent aucun intérêt à la curiosité du touriste (1); elle traverse le *Plan de Dieu*, vaste plaine encore en friche, qui attend, pour devenir productible, les eaux bienfaisantes d'un canal, et le *Bois des Dames*, tristement célèbre par le souvenir de nombreuses arrestations à main armée.

Vaison (*Vasio*), la patrie de l'historien Trogue-Pompée, était la capitale des Voconces; sous les Romains, elle devint une des premières cités de la Gaule Narbonnaise ; et, dès le III° siècle de notre ère, elle fut érigée en siège épiscopal (2). Ravagée tour-à-tour par les Visigoths, les Francs et les Sarrazins, elle reçut, comme l'a dit en très-beaux vers latins le plus savant de ses prélats, le coup mortel de la main des Comtes de Toulouse :

Vastatœqué iterum a Gothis Arabisque, supremum
Raimundus princeps intulit exitium (3).

Ce fut dans la dernière moitié du XII° siècle. Depuis longtemps, en vertu de certaines donations qui leur avaient

---

(1) On trouve à Orange des voitures publiques et des voitures particulières pour Vaison.

(2) L'évêché de Vaison a eu 82 évêques, depuis saint Albin, martyrisé l'an 262, jusqu'à Mgr Fallot de Beaumont de Beaupré, mort à Paris, le 26 octobre 1835.

(3) *Descriptiuncula Aven. et Comit. Venascini*, de Mgr J.-M. de Suarez, dont nous avons parlé à la page 18.

été faites, les évêques de Vaison unissaient le pouvoir temporel à la juridiction spirituelle. En 1160, Raymond V, comte de Toulouse, voulut, en sa qualité de marquis de Provence, faire reconnaître sa suzeraineté par l'évêque Bérenger de Mornas. Celui-ci, fort de ses droits et du dévouement de son peuple, résista courageusement à la volonté du prince, et commença contre lui cette lutte funeste qui aboutit, en 1165, à la complète destruction de sa ville épiscopale. Les habitants de Vaison prirent la fuite dans les forêts voisines; mais, lorsqu'ils voulurent rentrer dans leurs foyers, ils ne trouvèrent partout que la dévastation et le ravage. Passant alors la rivière de l'Ouvèze, ils bâtirent avec les ruines de leurs premières demeures une seconde ville autour du château de leurs terribles vainqueurs. La vieille ville fut entièrement abandonnée : le soc de la charrue en égalisa l'enceinte; et son nom de *Villasse*, joint à quelques monuments que leur destination religieuse avait fait respecter de la fureur du soldat, resta seul, pendant plusieurs siècles, pour apprendre aux générations nouvelles qu'à la place des prairies et des champs s'élevèrent jadis les temples et les tours d'une cité romaine.

Vaison souffrit encore beaucoup à la fin du grand schisme d'Occident et à l'époque des guerres de religion. Elle était alors sous la domination temporelle du Saint-Siège; car, après avoir passé des Comtes de Toulouse aux rois de France, elle avait été cédée, avec le reste du Comtat-Venaissin, par Philippe-le-Hardi au pape Grégoire X, en 1274. Le gouvernement paternel des Souverains Pontifes répara ses désastres; mais il ne put lui rendre son antique splendeur. Et Vaison, comme une reine déchue, n'a plus aujourd'hui que le souvenir de sa grandeur passée et l'aspect imposant de ses ruines (1).

A Vaison ainsi qu'à Orange l'œil découvre à chaque pas des restes d'antiquités romaines : le sol de la *Villasse* est la mine féconde qui a alimenté pendant longtemps les riches collections des Musées de Provence, du Musée d'Avignon en particulier.

1° La *Villasse*, qui s'est de nouveau couverte de constructions et qui aura bientôt autant de population que la ville nouvelle, communique avec cette dernière par un beau *Pont romain* d'une seule arche à grand appareil jeté sur la rivière.

2° En aval de ce pont, la rive droite de l'Ouvèze a conservé sur une longueur de plus de 100 mètres ses *Quais romains* à petit appareil. Au milieu de ces quais débouchent dans la rivière d'immenses *Égouts*, aussi d'origine romaine.

3° Puis vient une vieille maison dont toutes les archivoltes sont formées de larges briques rouges alternées avec des pierres plates de couleur blanche : on pense généralement que ce sont là des restes de *Thermes*.

4° On rencontre ensuite au milieu de la campagne, en tournant sur la droite l'*Ancienne Cathédrale*, vaste basilique à trois nefs d'architecture romane et sans aucune ornementation intérieure. On ne saurait préciser la date de la construction de cette église, vû que ses

---

(1) Vaison est aujourd'hui un chef-lieu de canton de l'arrondissement d'Orange : sa population est de 3,272 habitants. Il s'y tient un marché très-important le mardi de chaque semaine. Outre le chapitre de la cathédrale, il y avait autrefois, à Vaison, des Dominicains et des Cordeliers.

diverses parties ne paraissent pas être toutes de la même époque. La grande abside est très-ancienne; elle est à arcature : on a employé à sa décoration des fûts antiques de toutes les dimensions dressés sur des bases de dimensions différentes ; deux ou trois de ces fûts sont couronnés par des chapiteaux romains qui n'ont aucun rapport avec leurs modules ; d'autres chapiteaux sont vraiment barbares. Un siège de pierre, privé de tout ornement, s'élève au milieu de l'hémicycle presbytéral : c'est la *sedes episcopalis*. En avant, porté sur quatre colonnettes se trouve le maitre-autel qui est fermé *à tergo* par un débris antique. Le bénitier est formé d'un fût de colonne romaine creusé. On voit encore dans cette église un tombeau du XIIIe siècle, trois autres du XIVe et un grand nombre de pierres tumulaires. A l'extérieur l'édifice est couronné d'une belle frise qui surmonte du côté septentrional une inscription à caractères énormes.

Au nord de l'église, un magnifique cloître rappelle par ses élégantes proportions et la richesse de son ornementation le cloitre de Sénanque.

En 1851, M. l'abbé Joannis, alors curé de Vaison et aujourd'hui curé de St-Agricol, dans Avignon, eut l'heureuse idée de réunir sous ses voûtes les richesses artistiques que les étrangers venaient chaque jour acheter à vil prix aux cultivateurs de la contrée qui les trouvaient enfouies dans leurs champs. Cette précieuse collection ou plutôt ce Musée, car c'en est un, renferme un grand nombre de chapiteaux, de colonnes, de pierres sépulcrales et d'autres objets d'art.

5° Un peu plus loin, en s'enfonçant dans les terres, se trouve une délicieuse chapelle romane, placée sous le vocable de *St-Quenin*, quinzième évêque de Vaison.

Elle est surtout remarquable par la disposition singu[lière] de ses trois absides et de sa voûte en éventail. M[.] Lenormant la croit du VIIIe siècle, et le P. Boyer, do[minicain], dans son *Histoire de l'Eglise cathédrale d[e] Vaison*, n'hésite pas à assigner le VIIe siècle pour dat[e] de sa fondation : le fait est qu'elle remonte à une époqu[e] très-éloignée, et qu'elle a tant de rapports avec l'antiqu[ité] qu'on l'a prise longtemps pour un temple de Diane. [A] l'extérieur, son abside affecte la forme triangulaire.

6° En revenant vers la rivière, en amont du Pont-ro[main], on voit les ruines du *Théâtre* qui était adossé a[u] nord de la colline de *Puymin*, jadis consacrée à Miner[ve], comme l'indique son nom (*Podium Minervæ*). L[a] précinction de ce monument était, comme à Orange, e[n] partie creusée dans le roc. Deux arcades à l'extrémit[é] orientale du *Postscenium* et le vomitoire méridional d[u] sommet de la précinction sont encore debout. Des chêne[s] croissent tout autour de l'orchestre, dont l'emplacemen[t] sert pendant l'été aux luttes et aux bals champêtres.

La ville de Vaison proprement dite possède la *Nouvell[e] Cathédrale*, actuellement l'église paroissiale, vaste nef du XVe siècle, et le *Château*, belle fortification du XIIe siècle à double barbacane élevée, comme nous l'avons dit, par les Comtes de Toulouse, au haut de la colline.

III

Le Groseau (Malaucène). — L'Écluse de Caromb. — Le Mont-Ventoux.

1° Après avoir visité les monuments qui sont encore debout à Vaison, le voyageur prendra le chemin vicinal de grande communication n° 7 ; et, au bout d'une heure de marche, il arrivera à Malaucène. Malaucène, dont la population est de 3,300 âmes, est une des villes industrielles du département : les eaux abondantes qui arrosent son territoire mettent en mouvement des papéteries, des filatures et des fabriques en grand nombre. Elle est dans une position des plus pittoresques, sur le penchant d'une colline et aux bords de la petite rivière du Groseau. Le *Groseau*, ce nom rappelle naturellement la résidence d'été du pape Clément V : elle était établie non loin de Malaucène, dans les dépendances d'une petite abbaye qui, fondée en 684 par l'évêque Pétrone de Vaison et ruinée par les Sarrazins dans le siècle suivant, avait été réédifiée au XIe siècle par les moines de St-Victor de Marseille. La villa pontificale, aussi bien que le monastère, fut détruite par les Huguenots pendant les guerres de religion, et il ne reste plus de cet antique édifice, auprès de la magnifique source du Groseau, qu'une chapelle romane, ornée de sculptures barbares et surmontée d'un dôme revêtu à l'intérieur de fresques presque entièrement effacées.

2º De Malaucène à Carpentras, la route passe au Barroux et à Caromb. Caromb possède une belle église du XIIIe siècle, l'une des plus remarquables du diocèse d'Avignon. Son *Ecluse* appelle aussi l'attention des ingénieurs-hydrographes : elle donne sortie à plus de 325 mille mètres cubes d'eau, retenus par un barrage dans un vaste lac artificiel construit au fond d'une petite vallée. Ce barrage est un véritable monument; il fut commencé en 1762 et n'a pas coûté moins de 60,000 f. Le jésuite Ignace Morand, professeur de mathématiques au collège d'Avignon, eut la première idée de ce travail ; il fut chargé d'en dresser le devis et prit lui-même en main la direction de l'œuvre; aussi son nom est-il en bénédiction dans toute la contrée.

C'est de Caromb que l'on peut le plus aisément se rendre à Bédouin (1) pour faire l'ascension du Mont-Ventoux. Cette montagne, la plus haute de l'intérieur de la France, domine tout le pays à vingt lieues à la ronde : elle élève fièrement sa tête conique à 2,021 mètres au-dessus du niveau de la mer; et son nom de *Ventoux* lui vient des vents terribles qui règnent constamment à son sommet. Le Mont-Ventoux paraît n'avoir jamais été exploré dans l'antiquité : les forêts épaisses qui le couvraient presque jusqu'à sa cime en rendaient l'accès difficile, pour ne pas dire impraticable. C'est ce qui explique pourquoi les historiens et les géographes anciens qui se sont occupés de notre pays n'ont jamais fait mention de cette montagne. Pétrarque est le seul écrivain qui en ait parlé : il en fit l'ascension, le 26 avril 1336, en compagnie de son frère Gérard. Voici comment il rendit compte de ses impressions de voyage au cardinal Jean Colonna, son ami :

« Un spectacle aussi majestueux qu'inattendu frappa tout-à-coup mes regards. Je demeurai dans un immobile silence : les merveilles qu'on publie de l'Olympe et de l'Athos me paraissaient plus croyables d'après ce que je voyais sur une montagne moins célèbre.... Les Alpes, escarpées et couvertes de neige, semblaient être

---

(1) Bédouin, dont la population est de 2,548 habitants, est à 15 kilom. de Carpentras et à 38 d'Avignon. C'est le point qui offre le plus de facilité pour l'ascension du Mont-Ventoux. En 1794, Bédouin éprouva d'une manière terrible les effets de la vengeance révolutionnaire : le Comité du Salut public ordonna de livrer aux flammes ce malheureux pays, à cause d'un arbre de la liberté qui y avait été abattu.

près de moi, quoique à une très-grande distance. . . .
Le soleil qui tombait et l'ombre de la montagne qui se projetait au loin, m'avertirent trop tôt qu'il fallait descendre. Je n'aperçus pas au couchant cette immense barrière des Pyrénées qui sépare la France de l'Espagne, non qu'elle fût cachée par d'autres hauteurs, mais à cause de la faiblesse de mes sens. Je vis très-distinctement les montagnes du Lyonnais, la mer de Marseille et d'Aigues-mortes : le Rhône était sous mes yeux. »

Le Mont-Ventoux est aujourd'hui à peu-près entièrement déboisé : sur son versant septentrional on voit encore cependant quelques forêts peu considérables, celle de Beaumont entr'autres. Sa superficie est couverte de tous les côtés et sur chaque point de débris de roches calcaires concassées, parmi lesquelles le docteur J. Guérin a cru reconnaître le *silicicate* de Saussure. Sur le point culminant, qui pendant neuf mois de l'année est couvert de neige, on a élevé, il n'y a pas longtemps, une belle croix de pierre : un peu plus bas se trouve une petite chapelle bâtie, en 1500, par les soins de Pierre de Valetariis, évêque de Carpentras.

IV

Carpentras.

A Paris, et c'est, à ce qu'il paraît, un usage immémorial, l'on s'amuse à rire, le plus souvent sans raison, aux dépens de la province. Il est même certaines localités, dont le nom a le privilége d'exciter l'hilarité des Parisiens. Quimper-Corentin, Pézénas et Brives-la-Gaillarde ont eu longtemps seules ce singulier honneur ; et voilà que depuis quelques années, sans trop savoir ni pourquoi ni comment, on est venu mettre Carpentras au rang de ces cités soi-disant déshéritées (1).

Carpentras cependant a été de tout temps après Avignon la ville la plus importante de notre pays. Avant 1789, elle était la capitale du Comtat-Venaissin (2), la résidence du Recteur, le siège d'un évêché, d'une chambre apostolique, d'une judicature et le lieu de réunion des Etats de la province (3). Aujourd'hui, siège d'une sous préfecture,

(1) La ville de Carpentras a été d'ailleurs vengée du ridicule dont on veut la flétrir par un artiste distingué, M. Laurens, qui a publié sur elle dans le journal l'*Illustration* un article et des dessins fort remarquables.

(2) « Le Comtat était gouverné anciennement par un Recteur, nommé par le Pape, qui résidait à Carpentras, reconnu pour la capitale du pays Venaissin. L'origine de cette place de *Recteur* ou Gouverneur, remonte aux premiers temps où ce pays appartenait au St-Siège. L'acquisition postérieure d'Avignon donna ensuite occasion aux Papes de tenir dans cette ville, plus grande, plus peuplée et plus avantageusement située, un représentant plus titré et plus immédiat, sous le nom de *Vice-Légat*. L'autorité de celui-ci, qui dans le principe n'avait de pouvoir que sur la ville et le territoire d'Avignon formant un petit état séparé, cette autorité du Vice-Légat empiéta petit à petit sur celle du Recteur et s'étendit bientôt sur tout le Comtat ; de manière que dans les derniers temps, le Vice-Légat d'Avignon était le gouverneur véritable du Comtat, et le Recteur n'était presque plus qu'un simple juge. » (PAZZIS. *Mémoire statistique sur le département de Vaucluse.*)

(3) « L'administration du Comtat résidait dans les *Etats de la Province*, dont Avignon et sa banlieue ne faisaient point partie, cette ville ayant son administration particulière absolument dans la main du Vice-Légat. Les Etats du Comtat se composaient d'un élu de la noblesse, des trois évêques de Carpentras, de Cavaillon et de Vaison, et de dix-huit députés des principales communes des trois judicatures qui partageaient le pays. » (PAZZIS. *Mémoire statistique sur le département de Vaucluse.*)

d'un tribunal de première instance, de deux justices de paix, elle est devenue, à cause de sa cour d'assises, le chef-lieu judiciaire du département de Vaucluse. Elle possède deux églises paroissiales, de nombreux couvents, une synagogue, un collège, des écoles primaires, une salle d'asile, une bibliothèque publique, un musée, deux hospices, un mont-de-piété, un bureau de bienfaisance, une caisse d'épargnes, une salle de spectacles, trois brigades de gendarmerie, etc. Sa population s'élève à 10,891 habitants ; son commerce prend chaque jour une nouvelle extension, un nouveau développement; et son marché du vendredi est une véritable foire hebdomadaire à laquelle on accourt de tous les points de la Haute-Provence et du Bas-Dauphiné. Couverte de monuments magnifiques, ornée de belles promenades et environnée de fertiles et riantes campagnes terminées au loin par un horizon de montagnes des plus majestueux, la ville de Carpentras en vaut assurément bien d'autres qui pourtant ont trouvé grâce aux yeux des plaisants de la capitale.

HISTOIRE DE CARPENTRAS. — *Carpentoracte*, le nom antique de Carpentras suffirait seul, si nous n'avions pas le témoignage de Pline, pour nous apprendre l'origine celtique de cette ville : elle était, suivant cet historien, la capitale de la tribu des Méminiens, peuples de la confédération Cavare. Colonisée sous les Romains, elle acquit sous les premiers Césars le titre et les droits de cité latine et fut comprise dans la Gaule Narbonaise. A partir de la chûte de l'Empire jusqu'à la guerre des Albigeois, les annales de nos contrées sont muettes sur Carpentras ; c'est à peine si elles font mention des désastres que cette ville éprouva lors de l'invasion des

Barbares. Mais, à la fin du XII⁰ siècle, nous voyons reparaître dans l'histoire le nom de Carpentras. Le fougueux et ambitieux Raymond VI, comte de Toulouse, dépossède brutalement de ses possessions temporelles, l'évêque Geoffroi de Garosse et renouvelle contre lui la lutte funeste que Raymond V, son père, avait engagée quelques années auparavant contre l'évêque de Vaison. Plus heureux cependant que l'évêque de Vaison, l'évêque de Carpentras put voir son redoutable adversaire, à genoux et humilié dans l'église de St-Gilles, lui restituer ses droits et ses domaines pour prix de l'absolution qu'il avait demandée au Pape. Carpentras rentra alors sous l'autorité temporelle de son évêque : celui-ci l'exerçait sous la haute suzeraineté des comtes de Toulouse. Et lorsque, en 1274, le roi de France, en sa qualité d'héritier des comtes de Poitiers qui avaient succédé eux-mêmes aux comtes de Toulouse, eut cédé au Saint-Siège le Comtat-Venaissin, les souverains Pontifes laissèrent les évêques de Carpentras jouir en paix de leurs prérogatives et de leur puissance : en 1320 seulement, Jean XXII songea à acheter de l'évêque Eudes ses droits seigneuriaux.

MONUMENTS DE CARPENTRAS. — *Notre-Dame de Santé. — Porte d'Orange. — Passage-Boyer.* — En arrivant à Carpentras par la route de Malaucène, on rencontre d'abord en tête du pont de Serres la chapelle de *N.-D. de Santé.* Ce petit sanctuaire est pour les habitants de Carpentras ce que N.-D. de Fourvière est pour les Lyonnais et N.-D. de la Garde pour les Marseillais : sa fondation remonte au XV⁰ siècle ; mais ce n'est qu'en 1748 qu'il fut rebâti tel qu'on le voit aujourd'hui, sur les plans de l'architecte Antoine d'Allemand, ingénieur du roi, et par les soins de l'évêque Malachie d'Inguimbert. Il n'offre au reste de remarquable que le grand nombre d'*Ex-Voto* suspendus à ses murs par la piété Carpentrassienne.

On entre ensuite dans la ville par la *Porte d'Orange*. Cette porte est percée dans une grosse tour carrée de 37 mètres d'élévation avec machicoulis, l'un des derniers débris de cette magnifique ceinture de pierre dont le XIVe siècle avait entouré Carpentras, et qui malheureusement en plein XIXe siècle a dû crouler sous un marteau dévastateur.

Non loin de cette porte, le *Passage-Boyer*, belle rue vitrée à l'instar des plus beaux passages de Lyon et de Paris, conduit de la Place du Marché aux abords du Palais de Justice : c'est le centre du mouvement et des affaires de la ville.

Palais de Justice. — Le Palais de Justice était autrefois l'évêché. Il fut élevé en 1640, grâce à la royale munificence de Louis XIII, par le cardinal Alexandre Bichi, évêque de Carpentras, à la place de l'ancien palais épiscopal qu'il fit abattre ; et l'on voit encore au-dessus de la porte d'entrée cette inscription commémorative : ALEX. CARD. BICHIUS EP.

Cet édifice est d'un aspect majestueux et imposant à l'extérieur. A l'intérieur, il se fait remarquer par la richesse, l'élégance et le bon goût de ses décorations. La salle d'audience, qui était jadis affectée à la réunion des Etats du Comtat-Venaissin, est couverte de peintures admirables dues au pinceau du célèbre Nicolas Mignard, et que rehaussent encore de superbes lambris sculptés sur la fin du dernier siècle par Pierre Chevalier d'Avignon.

C'est dans une des salles de ce palais que fut représenté, en 1646, le premier opéra français, *Akébar, roi du Mogol*, paroles et musique de l'abbé Mailly.

Mais ce qui fait le plus bel ornement de ce palais, c'est l'*Arc de triomphe romain* qui est encore debout dans la cour principale. Ce monument entièrement d'ordre composite a malheureusement subi des dégradations et des mutilations notables; il est resté longtemps enfoui dans les cuisines de l'évêché, et ce n'est que dernièrement qu'il a été dégagé des bâtisses et des constructions qui l'obstruaient. Dans son état actuel il a 7 mèt. 40 cent. de longueur sur 4 mèt. 35 cent. de largeur et 7 mèt. de hauteur. Au Nord et au Midi, il est percé d'une seule arcade dont l'archivolte extérieure porte sur des pilastres cannelés et rudentés formant piédroits : la partie qui était au-dessus de l'archivolte est complètement détruite. Aux angles sont engagées des colonnes aussi cannelées à piédestal et à entablement en ressaut, mais dépouillées aujourd'hui de leurs chapiteaux. L'entre-colonnement présente à l'Ouest et à l'Est une décoration très-riche : à un tronc d'arbre que surmonte un trophée sont attachés, les mains derrière le dos, deux prisonniers de stature colossale, semblant appartenir, à cause de la diversité de leur costume, à deux peuples différents ; le bas-relief de la face occidentale est très-fruste et à peine reconnaissable. Les savants ne sont point d'accord sur la date de ce monument : M. Lenormant, dont nous avons déjà cité l'opinion (*voy. pag.* 182), pense qu'il rappelle aussi la défaite de Julius Florus et de Julius Sacrovir par les lieutenants de Tibére; M. Alexandre de Laborde le croit postérieur à celui d'Orange; et M. Adolphe Aubenas (1) n'hésite pas à avan-

---

(1) *Mémoire sur les Arcs de triomphe du département de Vau-*

cer qu'il fut élevé, comme les arcs de triomphe d'Orange, de Cavaillon et de St-Remy, sur la voie Domitienne pour perpétuer le souvenir de la victoire de Domitius Ænobarbus et de Quintus Fabius sur les Allobroges. Au fond de la cour se trouvent les Prisons de Carpentras, maison d'arrêt et de justice, dont la population moyenne est de 55 individus.

Comme nous l'avons dit, le Palais de Justice et ses dépendances étaient, avant la révolution française, le Palais Episcopal. Le siège de Carpentras avait été fondé l'an 263 par St Valentin; il a été occupé par 90 prélats dont les plus célèbres sont le fameux anti-pape Pierre de Luna, Julien de la Rovère (plus tard Jules II), le cardinal Sadolet, secrétaire de Léon X, Malachie d'Inguimbert, etc.

Eglise Saint-Siffrein (1). — Le Palais de Justice touche à l'ancienne *Cathédrale de Saint-Siffrein*, dont la façade principale est encore inachevée. Cette église, maintenant la première paroisse de Carpentras, se compose d'une vaste nef ogivale sur laquelle s'ouvrent à droite et à gauche de vastes chapelles ogivales aussi : elle fut bâtie, en 1405, sur les ruines d'une vieille cathédrale romane, par Artaud, archevêque d'Arles, au nom de Pierre de Luna. Malgré les spoliations sans nombre que l'on a eu de tout temps à déplorer pour cette église, on y voit encore de véritables richesses. Elle possède, entr'autres, trois chefs-d'œuvre de Bernus, cet habile sculpteur auquel nous avons consacré la note de la page 59 : la *Gloire*

cluse. (Extrait du XVe volume des Mémoires de la Société des antiquaires de France.)

(1) St-Siffrein, évêque de Carpentras, vivait dans la première moitié du VIe siècle.

en bois doré qui orne l'abside, imitation fidèle, proportions réduites, de la Gloire colossale que l'on admire à St-Pierre de Rome; *les deux Adorateurs* du maître-autel, et à gauche, vers l'entrée du sanctuaire, le *Mausolée de l'évêque Lorenzo Buti*.

Dans la chapelle qui est en face de la porte méridionale, on lit l'épitaphe du cardinal Sadolet. Ce prélat était mort à Rome en 1557 : Paul Sadolet, son neveu et son successeur, lui fit néanmoins élever ce monument dans sa cathédrale, espérant pouvoir un jour y transporter ses dépouilles mortelles et être ainsi enseveli lui-même à côté de son oncle. Malheureusement son attente a été trompée; il repose seul sous cette pierre, et les restes du secrétaire de Léon X sont encore dans les caveaux de l'église de St Pierre-ès-Liens de Rome.

Il y a à St-Siffrein un bon nombre de tableaux de prix: on y voit, dans le sanctuaire, le *Martyre de St-Laurent*, belle copie de Pierre de Cortone faite à Rome par ordre de l'évêque Buti, et un *St-François de Sales couronné par les Anges*; — dans la chapelle des Ames du Purgatoire, l'*Invention de la Croix*, de Duplessis; — dans la chapelle de St-Joseph, *St-François de Sales et sainte J.-F. de Chantal*, de Pierre Parrocel; une *Fuite en Egypte* et l'*Agonie de St-Joseph*, don récent du Gouvernement; — dans la chapelle du saint Clou, *les Apôtres dans le Cénacle*, de Duplessis, et *la Visitation*, grande toile peinte autrefois à Rome pour les Visitandines de Carpentras; — dans la chapelle de St-Crépin, *la sainte Vierge et St-Bernard*, de Nicolas Mignard; — dans la chapelle de St-Honoré, un magnifique *St-Thomas d'Aquin*, sans signature, etc.

On conserve précieusement dans l'église de St-Siffrein le mors du cheval de l'empereur Constantin, forgé, si nous en croyons la tradition, avec le fer de l'un des clous qui servirent au crucifiement de J.-C. : il est gardé sous une double grille de fer dans la chapelle qui renferme le tombeau de l'évêque Jacques Sacrat. La ville de Carpentras a pris le Saint Mors pour ses armes avec deux lions pour supports, et *Unitas fortitudo, dissensio fragilitas* pour devise.

La porte méridionale de l'église est remarquable par la curieuse sphère qui se trouve à l'intersection de son accolade: cette sphère est couverte de rats qui semblent en sortir. Le rat était, au moyen-âge, le symbole de la fécondité; c'est sans doute pour exprimer la merveilleuse fécondité de l'Eglise que l'artiste sculpta cet ornement au-dessus du portail.

Bibliothèque et Musée. — De St-Siffrein en passant par plusieurs rues tortueuses (1), on peut se rendre sur le boulevard pour visiter la *Bibliothèque et le Musée* de Carpentras. « Cet établissement, fondé en 1745, dit l'*Annuaire de Vaucluse*, par Malachie d'Inguimbert, évêque de Carpentras, est ouvert au public tous les jours de la semaine, excepté le mercredi et les jours fériés, le matin de 10 heures à midi, et le soir de 2 heures à 4, depuis le 1er octobre jusqu'au 30 avril ; et de 9 heures à 11 heures le matin, et de 3 heures à 5 heures le soir, depuis le 1er mai jusqu'au 31 juillet.

« Ses principales collections consistent : 1° En une bibliothèque composée d'environ 24,000 volumes, dont

---

(1) Près de ces rues se trouve la rue Voltaire qui mène au Collège, fondé, en 1605, par les Jésuites et dirigé par eux jusqu'en 1768.

800 manuscrits; — 2° En un médailler renfermant 5,8[..] médailles d'or, d'argent, de bronze, et 220 sceaux, a[..] neaux, pierres gravées, etc.; — 3° En une galerie [..] 104 tableaux de diverses écoles, où l'on distingue qu[..] tre marines de Joseph Vernet, plusieurs toiles de Pa[..] rocel, de Mignard, de Duplessis, un tableau attribu[é] au Guerchin, etc., non compris 170 gravures encadré[es] et plusieurs grands recueils d'estampes; — 4° On trou[ve] de plus, dans le même établissement, une collectio[n] d'antiques, vases, statuettes de bronze, etc., un ba[s-] relief avec inscription phénicienne, une inscription gre[c-] que, 26 inscriptions romaines, 12 inscriptions goth[i-] ques, etc.

Joseph-Dominique d'Inguimbert, naquit à Carpentras le 26 août 1683. Il entra, jeune encore, dans l'ordr[e] des Dominicains, qu'il quitta, plus tard, pour embras[-] ser à l'Abbaye *di buon Solazzo*, près Florence, sous l[e] nom de Dom Malachie, la réforme de la Trappe plus con[-] forme à ses goûts solitaires et à ses habitudes mortifiées[.] Mais il ne put rester longtemps dans l'oubli; et les hon[-] neurs ecclésiastiques qu'il fuyait vinrent le cherche[r] jusque dans sa retraite. Successivement supérieur du séminaire de Pistoja, théologien du Grand-Duc de Florence, bibliothécaire du savant cardinal Corsini, consulteur du saint office, prélat domestique de Clément XII et archevêque de Théodosie, il fut promu, en 1735, à l'évêché de sa ville natale, qu'il illustra par son immense érudition et ses vertus éminentes, et qu'il combla de bienfaits sans nombre. Indépendamment de la bibliothèque et des riches collections dont il la dota, et dont il avait acheté le fonds à Aix, en 1745, de MM. de Mazangues, héritiers du savant Peiresc, il enrichit le Mont-de-Piété, fit réparer les bâtiments de la Maison de Charité et fonda le magnifique Hôpital qui porte son nom; c'est ce qui a fait dire à un poète Avignonais que Mgr. d'Inguimbert

<blockquote>A laissé dans Vaucluse
Le pauvre sans besoin, l'ignorant sans excuse.</blockquote>

Ce charitable prélat mourut le 6 septembre 1755. A Carpentras, son nom est encore sur toutes les lèvres, et le souvenir de sa pieuse munificence vit encore dans tous les cœurs. Sa statue, œuvre du sculpteur Daumas (de Paris), s'élèvera bientôt à l'entrée de la ville au milieu de la vaste esplanade qui s'étend en face de l'Hôtel Dieu. Elle perpétuera ainsi les traits de l'homme de bien et sera pour sa mémoire le témoignage le plus éclatant de la reconnaissance publique.

L'*Hôtel-Dieu*, nous venons de le dire, fut fondé par ce digne prélat : il en posa solennellement la première pierre, le 18 septembre 1750 ; et M. Barjavel, dans son *Dictionnaire bio-bibliographique de Vaucluse*, nous apprend qu'il en donna le prix-fait pour 350,000 liv. aux architectes dirigés par Antoine d'Allemand. Cet édifice est magnifique : son escalier surtout appelle l'attention des visiteurs. La chapelle, avec ses voûtes appareillées et les marbres précieux qui la décorent, n'est pas moins remarquable: elle renferme le tombeau du généreux fondateur, œuvre de mérite exécutée, en 1774, par d'Antoine de Carpentras. L'une des salles de l'Hôtel-Dieu est ornée d'un beau portrait de l'abbé de Rancé, peint par Rigaud pour le marquis de St-Simon, et offert par ce dernier au pape Clément XII qui le donna à Mgr. d'Inguimbert.

La ville de Carpentras est arrosée sur tous ses points par des fontaines qu'alimentent les eaux de la source de Caromb. Ces eaux sont conduites, jusqu'à la vallée de l'Auzon, par un canal souterrain creusé au XIVme siècle sur l'ordre de Clément V; et de la vallée de l'Auzon, elles sont amenées jusque dans l'intérieur de la ville par un acqueduc de 48 arches. Cet acqueduc, commencé, en 1720, sur les dessins de M. de Clapier, ingénieur du Languedoc, fut terminé, en 1730, sur les plans d'Antoine d'Allemand. C'est un très-beau travail; il a une longueur totale de 729 mètres, et, au point le plus élevé, une hauteur de 22 mètres. Il coûta 800 mille livres à la ville de Carpentras: cette dépense, énorme pour l'époque, excita beaucoup de murmures, et l'on s'avisa d'écrire, un beau matin, sur l'une des arcades du mouvement ce texte des *Lamentations* du prophète Jérémie: *Aquam nostram pecunia bibimus.*

> Et nous ne buvons qu'à prix d'or
> L'eau qui coule de nos fontaines!
> (Cas. Delavigne. *Les Messéniennes.*)

Carpentras est la patrie du jurisconsulte Philieul; d'Elzéar Genet, maître de chapelle de Léon X; du peintre Duplessis; de l'architecte d'Allemand; de Mgr d'Orléans-de-Lamotte, évêque d'Amiens; de F. de Lasonne, médecin de Louis XVI; du savant baron Bimard-la-Bâtie; du paysagiste Xavier Bidauld, membre de l'Institut, etc.

V

Venasque.

A 12 kilomètres sud-est de Carpentras, au sommet d'une colline abrupte et escarpée, se trouve *Venasque*, petite commune du canton de Pernes. Il est encore bien des personnes qui, d'après une certaine ressemblance de nom, font de ce village l'ancienne et première capitale du Comtat-Venaissin; de même que le séjour prolongé qu'y firent les prédécesseurs de St-Siffrein, à l'époque de l'invasion des barbares, a porté plusieurs historiens de mérite à avancer qu'il fut jusqu'au VIe siècle le siège d'un évêché distinct de celui de Carpentras.

Venasque possède une fort belle église du XIe siècle, à voûte ogivale et dôme à trompes coniques. A côté de cette église est encore debout un magnifique monument du VIe siècle, qui a dû servir de type à l'église Sainte-Croix de Montmajour-lès-Arles : c'est une croix grecque à quatre hémicycles absidiaux, contre l'un desquels s'appuye un petit porche éclairé de deux fenêtres géminées : sa coupole sphérique a disparu pour faire place à une voûte d'arête. Les bâtisses du presbytère, qui le couvrent à peu-près de tous les côtés, dérobent entièrement aux regards sa décoration extérieure. Quant à son intérieur, les *Notes d'un Voyage dans le Midi de la France* en donnent une description exacte que les voyageurs et les archéologues nous sauront gré de reproduire ici. « A l'intérieur, dit M. Mérimée, cinq grandes colonnes corinthiennes dont le fût est de marbre rose et blanc (1) et les chapiteaux de marbre blanc, soutiennent un reste de corniche informe ; on voit qu'elles devaient être autrefois au nombre de douze, trois pour chaque angle rentrant, formé par l'intersection de chacun des demi-cercles des absides avec les faces du carré. Six colonnes en cipolin, granit ou pierre sont disposées autour de chacune des absides supportant une arcature cintrée à claveaux mal taillés, annonçant le travail le plus barbare. Bien que tous variés, leurs chapiteaux indiquent en général une imitation du galbe des chapiteaux corinthiens des grandes colonnes; les ornements, d'ailleurs, sont de fantaisie ; aucun n'est historié, et leur décoration est surtout empruntée au règne végétal; les feuillages sont très-lourds et mal exécutés; quelques-unes des corbeilles de forme conique n'ont pour tout ornement que des cannelures. » Ce monument est, suivant toute probabilité, l'église primitive de Venasque bâtie par St-Siffrein en l'honneur de St-Jean-Baptiste, et non point un temple élevé par les Romains en l'honneur de Vénus, comme on l'a cru longtemps.

Non loin de Venasque et en se rapprochant de Carpentras, on rencontre *Saint-Didier-sur-Pernes*, dont la pierre blanche est si estimée dans nos contrées pour la sculpture. Saint-Didier possède un Petit Séminaire, celui de *Sainte-Garde-des-Champs*, dont nous avons parlé

(1) M. J. Courtet dans son *Dictionnaire des Communes du département de Vaucluse* dit que ce marbre rose que M. Mérimée a cru voir *n'est que du marbre blanc sur lequel, par suite de l'humidité, un lichen a développé sa végétation parasite*. Quant à nous, nous pensons que ce rose est le résultat d'un bariolage barbare exécuté, nous ne savons à qu'elle époque, et dont on trouve des traces identiques dans plusieurs églises du département de Vaucluse.

à la note de la page 56 : cet établissement, l'un des plus beaux de la Provence, se dresse gracieusement sur les flancs de la colline et domine toute la plaine du Comtat; ses récentes constructions se détachent admirablement des prairies verdoyantes qui les entourent.

Mais il faut revenir à Avignon : une route bien entretenue part de Saint-Didier et vient aboutir à Carpentras, à côté même de l'Hôpital d'Inguimbert. Là, sans rentrer dans la ville, on prend par la porte de Monteux le chemin d'Avignon. On laisse sur la gauche *Pernes*, la patrie de Fléchier, l'éloquent évêque de Nîmes ; on passe sous les murs de *Monteux*, petite ville dont le territoire formé presque tout entier d'alluvions produit une belle garance rosée d'une qualité supérieure ; on suit les faubourgs d'*Entraigues*, que dominent les restes du vieux château des Montaigu; et après avoir passé devant les usines et les laminoirs de *Védènes*, on vient atteindre, au Pontet, la route impériale n° 7, et au bout d'une demi-heure l'on arrive à Avignon.

CHAPITRE DIXIÈME.

EAUX MINÉRALES DU DÉPARTEMENT DE VAUCLUSE.

Notre *Guide* serait incomplet, si nous ne faisions pas connaître au voyageur et à l'étranger les principales sources minérales du département de Vaucluse et leurs propriétés curatives.

I

Eaux de Vacqueiras-Montmirail.

Les eaux de Vacqueiras sont connues de temps immémorial; mais ce n'est guère qu'à la fin du dernier siècle que l'on commença à les employer en lotions et en boisson. Vers 1818, M. le comte de Lauris-Castellane songea à établir auprès de leurs sources des cabinets de bains. On y accourut alors en foule; et depuis, elles n'ont cessé d'être fréquentées : il s'y rend en moyenne plus de 1,500 baigneurs chaque année.

Il y a à Vacqueiras deux sources d'eaux minérales : celle des Eaux-Sulfureuses et celle de l'Eau-Verte.

Les *Eaux-Sulfureuses* ont une efficacité depuis longtemps reconnue et constatée par des cures nombreuses et surprenantes ; elles sont généralement regardées comme égales, sinon supérieures aux meilleures eaux du même genre, aux Eaux-Bonnes entr'autres. Aussi les malades qui s'y rendent, en reviennent pour la plupart guéris ou soulagés, après avoir souvent fréquenté vainement d'autres thermes dont le nom est plus célèbre. Les remarquables propriétés inhérentes à ces sources résultent de l'excellence de leur constitution chimique, de l'heureuse combinaison de leurs produits et d'un rare concours d'éléments aussi actifs que variés. Vauquelin, qui en fit le premier l'analyse, s'exprimait ainsi :

« On voit, d'après ce qui précède, que l'eau minérale, provenant de la source de Montmirail, est très-composée, puisqu'indépendamment des cinq espèces de sels que nous avons indiquées, elle contient encore du gaz hydrogène sulfuré et de l'acide carbonique. Cette eau doit avoir sans doute des propriétés médicinales bien marquées.... A en juger seulement d'après sa composition, elle mérite d'être placée au nombre de celles qui jouissent d'une grande réputation, et dont la médecine sait tirer un bon parti dans le traitement de plusieurs maladies. » *Pag. 11 et 13 du rapport de la Faculté de médecine de Paris, sur l'eau minérale de Montmirail* (Vaucluse), *en date du 16 juillet* 1818.

Des résultats inespérés obtenus depuis longues années, ayant fait supposer que les moyens d'investigation connus en 1818 n'avaient pas permis à l'illustre chimiste de mettre en relief tous les principes qui constituent la richesse de l'eau de Vacqueiras, on a prié M. le Ministre de l'Agriculture et du Commerce, dans les attributions duquel se trouvent placés les établissements thermaux, de faire procéder à une nouvelle analyse de l'Eau-Sulfureuse par l'Académie de médecine. Cette demande a été agréée, et l'on a eu la satisfaction de constater que ces prévisions étaient fondées.

L'habile chimiste chargé de l'analyse, M. O. Henry,

a donné connaissance à ses collègues de l'Académie du résultat de ses recherches, dans un rapport lu dans la séance du 8 avril 1856 ; en voici le résumé :

ANALYSE DE L'EAU SULFUREUSE DE VACQUEIRAS-MONTMIRAIL.

Pour 1,000 grammes de liquide :

Acide sulphydrique libre,	0,0067	Bi-carbonate de chaux,	
Azote, indéterminé		id de magnésie,	} 0, 440
Sulfure de calcium,	0, 040	Iodure, indices légers.	
id de magnésium,	} 0, 007	Matière organique, indices très-notables.	
id de sodium,			
Sulfates supposés anhydres,		Phosphate terreux,	
id de chaux,	1, 670	Silice et alumine,	
id de magnésie,	} 0, 525	Fer sulfuré, sans doute.	} 0, 150
id de soude,		Principe arsenical, indices.	
Chlorure de magnésium,	0, 304	Sel de potasse ammoniacal,	
id de sodium,	} 0, 096		
id de calcium,			

« L'Eau-Sulfureuse de Montmirail, d'une température de 16° cent. est incolore, limpide, d'une saveur sulfureuse salée un peu amère. Lorsqu'elle est exposée à l'air, son odeur sulfurée se développe et se perd progressivement, mais très-lentement, et elle persiste longtemps. Les caractères hépatiques y sont décelés par les réactifs. Quant à l'essai sulfométrique, il a donné *avec l'eau expédiée* (1), terme moyen sur six bouteilles, 17°, 4. » (*Extrait du Rapport.*)

Après avoir pris connaissance de la composition de l'Eau-Sulfureuse, l'Académie a eu à se prononcer sur l'utilité de l'Eau-Verte comme moyen thérapeutique, et a émis un avis favorable, conforme aux conclusions du rapporteur, M. O. Henry.

(1) C'est-à dire après plusieurs mois de séjour dans les bouteilles.

ANALYSE DE L'EAU VERTE.

		cristalisés.	
Sulfates supposés anhydres de magnésie,	9, 31	19, 00	⎫
id de soude,	5, 06	11, 21	⎬ 50, 21
id de chaux,	1, 00	10, 00	⎭
Chlorure de magnésium,	0, 83		
id de sodium,	⎫ 0, 18		
id de calcium,	⎭		
Iodure, traces sensibles.			
Sel de potasse ammoniacal, non apprécié			
Phosphate terreux,	⎫		
Silice et alumine,	⎬ 0, 39		
Sesquioxyde de fer,	⎪		
Principe arsenical, indices.	⎭		
Matière organique, indices très-sensibles			

« La source saline, dite Eau-Verte, parce que le liquide présente cette teinte en masse, est froide; son odeur est nulle, et sa saveur amère non désagréable. Les parois de la *grotte* au fond de laquelle elle se trouve, sont formées par une roche de nature schisteuse, micacée et parsemée de fragments pyriteux. Un de ces fragments, qui accompagnait l'envoi des bouteilles, a fourni, par le traitement à l'aide de l'eau distillée, les mêmes sels que l'eau de la source verte. Il n'y a donc pas de doute que c'est dans une grotte de cette nature qu'elle se minéralise.....

» Cette eau se rapproche beaucoup de celles de Sedlitz, de Pullna, de Scheichutz; elle est, quant à présent, unique en France, et appartient à un établissement thermal, connu et autorisé, où elle viendra prêter son concours à une eau sulfureuse reconnue de très-bonne nature et anciennement employée comme agent thérapeutique. » (*Extrait du Rapport.*)

Les médecins apprécieront sans doute le nombre et la valeur des principes constitutifs des deux sources de Vacqueiras-Montmirail ; et cette appréciation leur indiquera à *priori* les affections dans lesquelles leur emploi pourra être conseillé. Qu'ils nous permettent de leur faire connaître le résultat des nombreuses observations recueillies sur les lieux mêmes, dans une période de 25 années :

INDICATION DES MALADIES TRAITÉES AVEC LE PLUS DE SUCCÈS PAR LES EAUX. Les affections chroniques de la peau, spécialement celles de nature dartreuse ou psorique, et les infirmités si variées dont elles sont les causes latentes ; les dispositions aux érysipèles et aux fluxions ; les ulcères atoniques, simples ou entretenus par des vices spécifiques ; le rhumatisme et ses divers modes, dans leur état de chronicité ; les affections arthritiques, du moins sous le point de vue palliatif de l'intensité et de la fréquence des attaques de goutte ; les accidents consécutifs des blessures, des entorses, ou des luxations ; la faiblesse des membres, la difficulté des mouvements ou même les paralysies par suite de chûtes, de coups ou de plaies, et indépendantes de lésions permanentes du cerveau, de la moëlle épinière ou des nerfs ; l'affection scrophuleuse, du moins pour la résolution des engorgements glanduleux qui en sont le cortège ou la manifestation ; les fièvres intermittentes rebelles, accompagnées d'engorgements des viscères abdominaux ; les ophthalmies chroniques, l'ozène ; les catarrhes pulmonaires chroniques ; les affections chroniques des voies disgestives, suite d'une flegmasie ancienne et souvent latente qui a fini par jeter dans une atonie profonde l'organe qui en était le siége, telles que dyspepsie, gastrorrhée, anorexie, aigreurs, flatulences, diarrhées, obstructions, ictère, etc.; les convalescences longues, pénibles, qu'on observe si souvent après les maladies graves; les névroses de la poitrine et des premières voies, l'asthme surtout pituiteux, les gastralgies et les entéralgies, etc., la chlorose, l'aménorrhée et certains dérangements de la menstruation, soit idiopathiques, soit sympathiques, c'est-à-dire liés à une affection gastro-intestinale chronique ou à une affection nerveuse, et aussi quelques maladies catarrhales ou calculeuses des voies génito-urinaires; les maladies, suite de couches, connues sous le nom de lait répandu, la leucorrhée sans inflammation ou irritation trop vive de l'appareil génital, lorsque cette maladie dépend de la langueur générale des fonctions, de la faiblesse d'estomac, ou de la repercussion de quelque éruption cutanée; etc., etc.

En résumé, les Eaux de Vacqueiras, en vertu de l'excitation générale qu'elles impriment à tout l'organisme, et principalement à la peau dont elles rétablissent les fonctions secrétoires, sont indiquées toutes les fois qu'il convient de réveiller l'activité vitale de certains organes, de décomposer les mouvements fluxionnaires ou de les rappeler du centre à la périphérie, de solliciter l'économie vers des effets dépurateurs ou des mouvements critiques, de déplacer enfin une cause métastatique, comme suppression de transpiration, d'humeurs exanthématiques, d'affections goutteuses ou rhumatismales, de flux sanguins ou séreux.

Renseignements divers. L'Eau-Sulfureuse est administrée en boisson, bains, étuves, douches, lotions et injections. La boue minérale est aussi employée extérieurement. L'Eau-Verte n'est administrée qu'en boisson.

L'emploi de l'eau minérale, comme toutes les autres médications, a besoin d'être modifié suivant l'âge, le sexe, les causes et la nature des maladies, mais surtout d'après la constitution des malades et l'état actuel des organes souffrants. On la boit le matin à jeun.

Pour l'Eau-Sulfureuse on commence ordinairement par trois ou quatre verres; on élève ensuite la quantité en passant successivement à six, huit et dix par jour: en général, la plus forte dose est de quatre à huit verres pour les personnes faibles, et de huit à douze pour les gens robustes. On en boit d'abord un verre, on le répète tous les quarts-d'heure ou toutes les demi-heures: les intervalles doivent être remplis par un peu d'exercice.

L'Eau-Verte se prend à la dose de 3|4 de litre à un litre, un verre de quart-d'heure en quart-d'heure ou de demi-heure en demi-heure.

Montmirail est à 14 kilomètres du chemin de fer de Lyon à la Méditerranée. Tous les jours, deux voitures prennent les voyageurs à la gare de Courthézon et à celle d'Orange, et les déposent aux portes même de l'établissement.

Un hôtel, qui réunit toutes les conditions de luxe et de comfort, est ouvert aux voyageurs. Les frais de séjour y sont à la portée de toutes les fortunes. Il y a trois tables d'hôte de prix différents, des chambres de 1 à 3 f. par jour. Chapelle, salon, cabinet de lecture, salles de café et de billard, chasse.

Enfin, on jouit à Montmirail pendant toute la saison des eaux, avantage qu'on trouve rarement auprès des autres sources, d'une température égale et uniforme, d'un ciel presque toujours sans nuages, d'un air extrêmement pur. Les médecins connaissent la puissante influence de ces dernières conditions sur l'action thérapeutique des eaux. En effet, le mouvement expansif que procure l'usage du remède et qui dirige les oscillations vitales du centre à la périphérie est éminemment encouragé par la température ambiante.

Dans les environs de Vacqueiras, près de la source de l'*Eau-Verte*, se trouve un *Men-hir* celtique, pyramide qui dresse au bord d'un profond ravin les blocs énormes qui la composent. On voit un peu plus loin les ruines d'une ancienne *Tour des Templiers* qui semble dater du Xe siècle.

Pour l'expédition, le prix de l'Eau-Sulfureuse est de 60 centimes la bouteille, y compris le verre, l'emballage, la notice indiquant le mode d'administration, et le transport jusqu'au chemin de fer. Le prix de l'Eau-Verte, dans les mêmes conditions est de 85 centimes : les bouteilles sont soigneusement bouchées et portent le cachet de l'établissement.

Pour les renseignements médicaux, on peut s'adresser *franco* à M. le docteur Millet, inspecteur des eaux de Montmirail, à Orange, et pour les autres renseignements et les demandes d'eau, à M. le Directeur de l'établissement de Vacqueiras-Montmirail, par Beaumes de Venise (Vaucluse).

II

Eaux sulfureuses d'Urban.

Les sources d'Urban, connues et employées depuis plus d'un siècle, sourdent par un grand nombre de griffons, dans le ravin d'Urban, dit *Lauchun,* au territoire de Beaumes-de-Venise. Les principales sont captées, et forment deux fontaines, une de chaque côté du ravin, d'un débit de cinq à six mille litres chacune par jour, soit douze mille litres environ. Les pluies n'influencent pas leur débit; mais durant l'hiver, pendant les vives gelées, leur abondance est sensiblement diminuée.

La fontaine de la rive droite du ravin est destinée à la buvette : celle de la rive gauche alimente les réservoirs situés sous les cabinets de bains, pour le service des bains et des douches.

Une autre source située entre la buvette et les réservoirs des bains, au milieu du ravin, avait un débit assez important; les travaux qui avaient été exécutés pour la captation ont été endommagés par les eaux du ravin dans une grande crue. La quantité d'eau actuelle étant suffisante au besoin de l'établissement, on a négligé de capter de nouveau cette source.

D'ailleurs, les sources de cet établissement provenant d'un réservoir commun, on parviendrait aisément à les réunir toutes et à augmenter considérablement leur débit au moyen de fouilles bien dirigées. Ces travaux auraient été exécutés si les années que nous venons de traverser avaient été prospères; car, le chemin qui vient d'être pratiqué à grands frais, depuis la route de Carpentras jusqu'à l'établissement, était le commencement de l'extension que les propriétaires de ces eaux voulaient donner à leurs bains.

Ces eaux sont sulfureuses; elles se prennent en bain, en douche et en boisson.

Voici leur composition chimique :

Par litre. — Température : 16 degrés.

Acide hydrosulfurique.	0,028	Sulfate de soude.	0,997
" carbonique.	0,040	" de magnésie.	0,477
Péroxyde de fer.	0,013	Chlorure de sodium.	0,046
Carbonate de chaux.	0,493	" de magnésium.	0,032
Sulfate de chaux.	0,006	Glairine ou sulfurine abondante.	

Propriétés spéciales. — Elles sont laxatives, excitent tous les systèmes, particulièrement la circulation lymphatique, activent toutes les sécrétions, et s'emploient contre les catarrhes en général, les dermatoses, le rhumatisme, la scrofule, etc.

Depuis quelques années, une source ferrugineuse a été employée avec succès, en boisson, contre la chlorose, les gastralgies, l'atonie générale, et généralement contre les maladies où il convient de tonifier l'organisme.

Cette source jaillit d'un rocher calcaire. Son débit n'a pu encore être apprécié, attendu la difficulté d'exécution des travaux nécessaires à capter certaine quantité d'eau qui se perd dans les fissures du rocher.

Cette eau a été analysée par feu M. Rédarès, professeur de chimie au lycée d'Avignon.

Voici son analyse : — Température : 15 degrés.

1. Acide carbonique.
2. Carbonate de fer.
3. " de chaux.
4. " de magnésie.
5. Sulfate de chaux.
6. Chlorure de sodium.
7. Iode.

L'établissement d'Urban, fréquenté par la classe des agriculteurs et des malades peu aisés, a eu beaucoup à souffrir dans ces dernières années des malheurs qui ont pesé sur cette classe intéressante. Aussi le nombre des baigneurs y a bien diminué, et ceux qui ont fréquenté ces eaux, loin d'y rester le temps ordinaire, les quittaient peu de jours après leur arrivée, quels que fussent les bienfaits qu'ils en avaient déjà obtenus. Cependant on peut porter la moyenne annuelle des malades, qui pendant ce temps ont fréquenté l'établissement, à 600 environ.

MM. Gonnet (Frédéric), médecin, et Mathieu (Auguste), négociant, à Sorgues (Vaucluse), sont les propriétaires de ces eaux.

Elles sont, comme nous l'avons dit, sur le territoire de Baumes de Venise. Baumes est un chef-lieu de canton de l'arrondissement d'Orange, situé à 20 kilomètres de cette ville et à 10 de Carpentras : c'était autrefois la seconde baronie du Comtat-Venaissin. Son territoire produit un vin muscat très-renommé dans le pays.

A un quart d'heure de Baumes, vers l'ouest, s'élève à mi-flanc de la montagne la gracieuse chapelle romane de *Notre-Dame d'Aubune*. On dit que Charles-Martel tailla en pièces les Sarrazins dans ce lieu, à l'aube même du jour, et que cette circonstance fit donner le nom d'*Aubune* ou de l'*Aube* à la chapelle bâtie en action de grâces de cette victoire. Le caractère architectural de ce sanctuaire et son ornementation ne permettent pas de douter qu'il n'ait été bâti par quelqu'un des princes Carlovingiens, si ce n'est point par Charlemagne. La gracieuse tour de son clocher est d'un effet ravissant sur le paysage d'alentour.

III

Eaux minérales de Velleron.

Les eaux minérales de Notre-Dame-de-Santé de Velleron sont situées à un kilomètre du village de ce nom, au levant, sur la route départementale n° 5, de Cavaillon à Orange.

Elles surgissent au sommet d'un mamelon appelé *Mont-Caillas*, vers la base duquel on remarque au levant une couche de tourbe d'un mètre environ de profondeur. La roche du mamelon est un calcaire grossier de formation tertiaire (*molasse*) ; à un kilomètre du rayon de ce mamelon, on voit le terrain néocomien ; au haut de la montagne qui borne l'horizon au levant, la roche est gypseuse.

L'eau minérale de Velleron appartient à la classe des eaux chloro-salines froides ; elle contient, d'après l'analyse de M. Leroyer, ancien professeur de l'école communale de chimie de la ville d'Avignon, de l'acide carbonique, du carbonate de chaux, du carbonate de magnésie et du carbonate de fer, du sulfate de chaux, des sels solubles de magnésie, de l'alumine, de la silice, et de l'*iode* à l'état d'*iodure*.

Ces eaux sont limpides, fraîches, et sans saveur. Elles exhalent à leur source une légère odeur d'œufs couvés.

On lit dans un Mémoire, déposé à la Préfecture de Vaucluse, rédigé en 1823, par le docteur Julian, maire de l'Isle : « Qu'une expérience constante, et une foule
» d'observations ont prouvé, d'une manière évidente,

» que ces eaux ont une vertu purgative et désobstruante,
» et, sur quelques individus, vomitive par les gaz qu'el-
» les contiennent, et parfois seulement diurétique; que
» leur usage est par conséquent très-avantageux dans
» un grand nombre de maladies, telles que les accès
» de fièvres rebelles, leur reliquat, les obstructions in-
» vétérées, un état saburral des premières voies, les
» rhumatismes chroniques, et les vices de la lymphe,
» comme les dartres, etc. . . . . . »

« L'été chaud de cette année (1823), continue M.
» Julian, et surtout les accès de fièvre qui ont régné
» épidémiquement à l'Isle, dans ses environs, et dans la
» basse Provence, ont beaucoup favorisé leur vogue
» (des eaux de Velleron). Je les ai beaucoup employées
» chez la classe pauvre ainsi qu'à l'hôpital, et je m'en
» suis bien trouvé. A Arles, on s'en sert beaucoup,
» dans les années fièvreuses, ainsi qu'à Monteux, Bé-
» darrides, et autres lieux où règnent les fièvres. »

On rapporte qu'un grand nombre de Piémontais et de Savoyards, qui viennent extraire des racines de garance aux Paluds, y contractent, certaines années, des fièvres d'accès extrêmement opiniâtres que le sulfate de quinine ne peut guérir radicalement : ces malades viennent à Velleron prendre les eaux de N.-D. de Santé, et s'en retournent au bout de quelques jours guéris radicalement.

On va aux eaux de Velleron pour les maladies de la peau : on y voit des plaies anciennes, des ulcères se cicatriser, et des éruptions chroniques de diverse nature se dissiper sous l'influence des eaux minérales prises soit en bains, soit en boisson.

Les bains de Velleron sont dans le voisinage de la

Fontaine de Vaucluse et près des rives si pittoresques et si fraîches de la Sorgue. Chaque jour, la diligence de Carpentras s'arrête, deux fois, à la porte de l'établissement; et pendant la saison des eaux, un service régulier d'omnibus y conduit, de l'Isle, les voyageurs et les malades. (La saison des eaux commence à la mi-juin pour finir dans le courant de septembre.)

On peut s'adresser, pour de plus amples renseignements, à M. Constantin de Roussel, directeur de l'établissement, à Velleron par l'Isle, ou à M. le Dr Cade, rue Corderie, n° 4, à Avignon.

IV

Eaux sulfureuses d'Aurel.

Les eaux sulfureuses froides, dites d'*Aurel*, au Moulin des Paluds près de Sault, appartiennent à la famille Carbonel. Elles sont connues depuis longtemps : Darluc en parlait en 1782, dans son *Histoire naturelle de la Provence*. Elles sont fréquentées annuellement par mille baigneurs environ. On les emploie avec succès en boisson et en bains pour les scrofules, les gouttes, la gravelle, et surtout pour les douleurs rhumatismales et les maladies cutanées.

V

Autres sources d'Eaux minérales.

Outre les minérales de Vacqueiras-Montmirail, d'Urban, de Velleron et d'Aurel, on en compte d'autres encore dans le département de Vaucluse.

1° Les eaux sulfureuses froides de *Barries*, à Casc-neuve près d'Apt, s'administrent en boisson; elles contiennent de l'acide sulfhydrique, de l'acide carbonique, du sulfate de magnésie, de l'hydrochlorate de soude, du carbonate de magnésie, du carbonate de chaux, du carbonate de fer et une matière azotée.

2° Les eaux de *Vaumarnière*, à Ménerbes, contiennent de l'acide carbonique, de l'hydrochlorate et du carbonate de chaux et une matière végétale. On les administre en boisson.

3° L'eau sulfureuse froide des *Gipières*, au Barroux, s'administre en boisson.

4° L'eau sulfureuse froide de *Séguret*, au quartier de Sauces, n'est point exploitée, aucun ouvrage d'art n'ayant encore été fait pour la conservation de sa source. Elle pourrait cependant être utilement employée en boisson.

5° La source ferrugineuse, qui se trouve entre Rustrel et Viens, n'est point exploitée non plus. Ses eaux qui ont les propriétés diurétique, apéritive et stomachique, contiennent de l'acide carbonique, du carbonate de fer, du sulfate de soude et de potasse.

CHAPITRE ONZIÈME.

SAINT-REMY ET LES BAUX.

En quittant Avignon, nous avons proposé au voyageur une course sur la rive droite du Rhône, et nous lui avons fait admirer le Pont-du-Gard et les monuments de Villeneuve. En le ramenant à Avignon après son excursion à travers le département de Vaucluse, notre intention est de lui faire connaître encore les antiquités de St-Remy et les ruines si pittoresques des Baux.

S'il est de notre avis, qu'il veuille bien prendre avec nous, en face de la porte Saint-Michel, la route départementale n° 21. Nous passerons devant les restes de l'Abbaye de Saint-Ruf (*voyez à la page* 115); puis, après cinq kilomètres de marche, nous rencontrerons la Durance. Nous traverserons cette rivière sur le pont en fil de fer jeté depuis quelques années à la place d'un vieux pont que le roi Robert fit construire, en 1320, et nous entrerons dans les Bouches-du-Rhône.

Quand on est dans le département de Vaucluse, à Avignon surtout, on sent bien que l'on est en Provence : la sérénité de l'atmosphère, la pureté du ciel, la teinte colorée des montagnes, la fertilité du sol, la couleur dorée des édifices, les mœurs des habitants, leur poétique langage et la vivacité de leurs allures l'indiquent assez. Mais dans le département des Bouches-du-Rhône on dirait qu'on est au cœur de la Provence; c'est bien là en effet cette province fortunée dont la vue inspira aux Romains le désir de conquérir la Gaule, cette province poétique qui fut le berceau de tant de poètes et qui fait aujourd'hui encore le sujet de si beaux vers.

Nous laisserons de côté le village de *Rognonas*; et au milieu de vastes jardins qu'arrosent les eaux de la Durance et qui fournissent à Lyon, à Paris et à Londres, par le moyen de la voie ferrée, les fruits les plus savoureux et les primeurs les plus variées, nous suivrons jusqu'à *Château-Renard*, la route qui s'ouvre sur la gauche à la descente du pont. *Château-Renard*, petite ville de 5,511 habitants et chef-lieu de canton, s'élève au pied d'une colline dont le sommet est couronné par les débris d'un manoir du roi René, deux tours gothiques à demi-ruinées. Après Château-Renard la route tourne brusquement à droite et gravit pendant quelques instants les flancs arides d'une énorme masse calcaire; elle descend ensuite dans la plaine jusqu'à *Eyragues*, autre petite ville dont il est fait déjà mention au XIIe siècle, et qui ne doit pas être loin de l'emplacement de l'ancienne *Fretta*. D'Eyragues à Saint-Remy il y a 6 kil. au plus, et la route se développe encore au milieu des vignes et des jardins.

I

La ville de Saint-Remy.

La ville de Saint-Remy est bâtie sur le versant septentrional de la chaîne des Alpines, à 2 kilomètres au-bas de l'antique *Glanum Livii*, que fonda, l'an 739 de Rome, Livius Drusus Libo et que les Vandales détruisirent en 408. Elle date du Ve siècle; et au VIe siècle, elle prit le nom du saint évêque de Reims, qui, si l'on en croit le testament rapporté par Flodoard, avait des biens dans son territoire (1). Comme toutes les villes de Provence, elle changea souvent de maîtres : les princes de la maison des Baux la tinrent de longues années cependant sous leur domination puissante.

Saint-Remy est une des plus jolies villes de Provence: il semble que la nature ait voulu conspirer avec l'art pour faire de cette gracieuse cité un des plus agréables séjours qui soit au monde. En fait de monuments, l'intérieur de la ville, il faut l'avouer, n'offre rien de remarquable, à moins que l'on ne regarde comme tel le clocher à flèche gothique, élevé en 1330, par le pape Jean XXII (2) et la maison où naquit, en 1503, Michel Nostradamus. Mais, si l'on veut prendre la peine de monter jusqu'aux ruines de *Glanum*, l'archéologue et l'artiste trouveront amplement à admirer.

(1) On raconte que saint Remy, évêque de Reims, ayant accompagné le roi Clovis au siège d'Avignon, guérit miraculeusement de la maladie dont elle était atteinte, la fille d'un nommé Benoît, l'un des notables de l'antique Glanum. Celui-ci, en reconnaissance du bienfait qu'il en avait reçu, fit don au bienheureux prélat d'un jardin qu'il possédait hors les murs de sa ville. Le saint accepta la donation et éleva, dans ce lieu une église qu'il laissa en mourant aux chanoines de sa cathédrale de Reims.

(2) Le pape Jean XXII fonda, le 10 décembre 1321, un chapitre de Chanoines à St-Remy, qui a fait partie jusqu'au Concordat de 1801 du diocèse d'Avignon. L'église collégiale, dont il ne reste plus que le clocher, s'écroula en 1818 ; elle a été réédifiée en 1825, telle qu'on la voit aujourd'hui. Avant la révolution française, St-Remy avait quatre couvents : des Trinitaires, des Observantins, des Ursulines et des Clarisses. Cette ville était administrée par trois Consuls et dépendait, en 1789, de l'intendance d'Aix et de la viguerie de Tarascon. C'est aujourd'hui un chef-lieu de canton : sa population est de 6,540 âmes, et le commerce y est très-florissant.

C'est d'abord un *Arc de Triomphe* romain, à la jonction des voies Aurélienne et Domitienne. Ce monument que le temps ou le vandalisme a privé de sa partie supérieure, a 12 m. 40 de long sur 8 m. 60 de haut. Il n'a qu'une seule ouverture dont la voûte est revêtue intérieurement de beaux caissons octogones. L'archivolte, décorée de feuillages, de fleurs et de fruits, repose sur de petits pilastres. Le tympan renferme des victoires ailées portant des enseignes, et le champ de l'imposte des instruments de sacrifices et d'agriculture. Chacun des côtés de l'arcade est orné, à droite et à gauche de deux belles colonnes corinthiennes cannelées, engagées à moitié, mais indignement mutilées: l'entrecolonnement est rempli par des bas-reliefs représentant des trophées de prisonniers et d'armures.

A côté de l'Arc de Triomphe se trouve un *Mausolée antique* en parfait état de conservation. Son soubassement est orné de bas-reliefs sur ses quatre faces: le bas-relief du midi représente une chasse très-bien caractérisée par un sanglier et un chien; celui de l'est, plusieurs femmes au milieu d'un groupe de combattants; celui de l'ouest, un cadavre porté par des guerriers; et celui du nord, un combat de cavalerie. Au-dessus du soubassement s'élèvent deux étages: le premier, de forme quadrangulaire est percée par des arcs cintrés cantonnés de colonnes corinthiennes cannelées légèrement engagées; le second, posé sur un plan circulaire, est formé de colonnes corinthiennes soutenant un cône tronqué qui abrite deux statues.

Entre les deux étages, la frise occidentale porte l'inscription suivante:

SEX. L. M. JULIÆ I. C. PARENTIBUS SUIS.

Inscription qui a fait de tout temps le désespoir des épigraphistes et qui, à cette heure, ne compte pas moins de quinze interprétations différentes : c'est assez dire que l'on n'a pu jusqu'ici préciser l'époque de la construction de ce monument. Quant à l'Arc de Triomphe, nous ne répéterons pas ce que nous avons dit aux pages 182 et 198 : les savants ne sont point d'accord sur sa date.

A quelques pas de ces ruines antiques, vers la gauche, l'on aperçoit le vieux monastère de *St-Paul du Mausolée*, dont la fondation est contemporaine de celle de la ville même de Saint-Remy. Il fut rebâti au commencement du XIIe siècle et fut compris, en 1118, dans les dépendances de l'Abbaye des Bénédictins de Villeneuve-lès-Avignon; puis il passa aux chanoines réguliers de St-Augustin ; il fut ensuite, en 1316, sécularisé par le pape Jean XXII, et annexé au chapitre de l'église métropolitaine d'Avignon, qui, en 1677, le donna à desservir aux religieux Observantins. Il est transformé aujourd'hui en maison de santé particulière, et l'on peut dire que c'est un des plus beaux établissements consacrés à l'aliénation mentale : des religieuses de St-Vincent de Paul y sont chargées du soin des malades. Sa petite, mais ravissante église, est dédiée à St-Paul, évêque des Tricastins, qui fuyant, au Ve siècle, les hordes barbares du vandale Croscus, était venu se réfugier dans les cavernes des Alpines : elle est d'architecture romane à ogive et n'offre d'autre ornement que la petite frise en dents de scie qui fait le tour de la nef principale : ses deux nefs latérales, qui n'ont pas plus de 90 centimètres de largeur et qui sont voûtées en trois-quarts de berceau ogival, conduisent à deux petites absides en arrière du transept. Au midi de l'église, s'ouvre un beau cloître du XIIme siècle, dont les colonnettes accouplées supportent des chapiteaux du galbe le plus gracieux: sur plusieurs de ces chapiteaux sont sculptées des scènes de l'Ecriture Sainte ; quelques-uns offrent une luxuriante végétation ; il y en a un entr'autres du côté méridional qui est formé d'une seule feuille qui s'enroule tout autour de la pierre. C'est de la cour du cloître que l'on aperçoit le mieux le clocher qui n'est autre que le grand clocher roman de Provence. Sous le monastère et les antiquités romaines s'étendent de vastes et belles carrières qui ont fourni, dit-on, leurs pierres blanches aux Arènes d'Arles et de Nimes, au Pont St-Bénézet et au Palais des Papes d'Avignon.

A l'Est de Saint-Remy, on voit les restes du château de Romanil, où Ganthelme de Hugolin, établit, en 1270, une *Cour d'Amour*, célèbre dans les fastes de la féodalité provençale: cette Cour jugeait en souveraine de toutes les questions de galanterie ; elle subsista jusqu'en 1382. Romanil n'est plus aujourd'hui qu'une ruine.

II

Les Baux.

Une route et de nombreux sentiers mènent de Saint-Remy à la ville *des Baux*. La route passe entre *St-Paul* et les *Antiques*, franchit les Alpines, et après un parcours de 8 kilomètres, vient se terminer à la colline même des Baux. Quant aux sentiers, s'ils sont plus courts, ils sont aussi bien rudes et bien étroits. C'est à peine si un piéton peut les suivre, et encore doit-il se résigner d'avance à descendre à chaque instant dans des vallons déserts et incultes, pour gravir aussitôt après les flancs abruptes de collines pierreuses. Mais en revanche il se ménage une agréable surprise : lorsqu'il sera parvenu au point culminant de la colline, il aura de tous les côtés le panorama le plus grandiose.

S'il se retourne pour dire adieu aux pays qu'il vient de traverser, il ne voit plus qu'une vaste campagne : toutes les inégalités de terrain sont effacées; les villages ne paraissent plus que d'humbles métairies; les villes ressemblent à de modestes hameaux; et le Rhône et la Durance sont devenus des canaux d'irrigation destinés à cet immense jardin dans lequel viennent s'unir au pied du Mont-Ventoux la plaine d'Avignon, la plaine d'Orange, la plaine de Carpentras et la vallée du Caulon.

Si au contraire, pour mesurer la distance qui lui reste à parcourir, il jette un regard devant lui, il aperçoit d'un seul coup-d'œil, au loin, les flots de la Méditerranée dont l'azur se confond avec l'azur des cieux, l'étang de Berre et des Martigues, et les riches pâturages de la Camargue; à droite, les villes d'Arles, de St-Gilles, d'Aigues-Mortes et de Lunel; à gauche, la Crau et ses landes stériles, le canton de Salon, les côteaux d'Aix-en-Provence, et les premières montagnes du Var.

Mais à peine a-t-il fait un pas pour descendre que le spectacle change brusquement : il n'a plus devant lui que des collines horriblement tourmentées et des roches colossales entassées les unes sur les autres. Alors sa pensée se reporte involontairement à quelque grand cataclysme de la nature; et sa mémoire lui rappelle les vers qui ouvrent le XIIe chant de l'*Inferno* du Dante.

La ville des Baux domine toute cette vallée de deuil :

elle s'élève, du côté de l'Est, au sommet d'une roche escarpée. Bâtie dès la plus haute antiquité, puisque les légendaires de Provence ne craignent pas d'attribuer sa fondation à Balthazar, l'un des trois Rois-Mages de la Crèche, elle devint, au Xe siècle, le fief principal d'une seigneurie, dont le nom se rencontre à chaque page dans les *Annales du Midi de la France*. La puissante maison des Baux fut recherchée en alliance par toutes les familles souveraines de l'Europe; et l'on peut dire que, tant qu'elle subsista, il n'y eut aucune guerre, aucune expédition où elle ne fût noblement représentée. Malheureusement la ville des Baux n'offre plus que des ruines; mais ses ruines sont imposantes, et sa population qui compte à peine 500 âmes, s'abrite misérablement sous les décombres des habitations princières et des demeures seigneuriales. Ce ne sont que maisons gothiques abandonnées, murailles à demi écroulées, voûtes ogivales disloquées, tourelles mutilées, colonnes renversées, en un mot, dévastation partout et désolation de tous les côtés. Le vieux Château surplombe encore la ville; il était en partie creusé dans le vif du rocher; les ruines de ses fortifications attestent hautement les derniers efforts de la féodalité provençale expirant dans ces lieux, en 1631, sous le canon de Louis XIII.

Des Baux l'on peut se diriger vers Arles: on traverse le village de Fontvieille, et l'on visite l'Abbaye de Montmajour. On peut encore revenir, sur ses pas, jusqu'à Saint-Remy, et de là, en passant par Maillanne, atteindre le Chemin de Fer à Graveson.

TABLE.

Préface. v
Chap. I. Précis historique et géographique sur Avignon : Topographie, Histoire, Administration, Population, Illustrations. 1
Chap. II. Monuments civils et religieux de la ville d'Avignon : Hôtel-de-Ville, Archevêché, Théâtre, Hôtel des Monnaies, Palais des Papes, Eglise métropolitaine, le Rocher, Eglises, Chapelles, Couvents et Confréries, Hôpitaux, Séminaires, Collége et Lycée, Musées, etc. . . 20
Chap. III. Monuments extérieurs de la ville d'Avignon: Remparts, Gares, Caserne de cavalerie, Pont St-Bénézet, Hospice-Isnard. 91
Chap. IV. Monuments de la banlieue d'Avignon : St-Véran, le Pontet, Morières, Montfavet, Tour-d'Espagne et Mont-de-Vergues, Bonpas, St-Ruf, Iles du Rhône 103
Chap. V. Villeneuve-lez-Avignon : Tour de Philippe-le-Bel, Notre-Dame, Hôpital, Chartreuse, Fort St-André 119
Chap. VI. Course au Pont-du-Gard. 140

Chap. VII. Excursion à la Fontaine de Vaucluse: le Thor, l'Isle, Saumanes, Vaucluse. 148
Chap. VIII. Visite à l'Abbaye de Sénanque: Gordes, Sénanque, Apt et la vallée du Caulon, Cavaillon 164
Chap. IX. Voyage à Vaison : Orange, Vaison, Malaucène et Caromb, le Mont-Ventoux, Carpentras, Venasque. 179
Chap. X. Eaux minérales du département de Vaucluse : Vacqueiras-Montmirail, Urban, Velleron, Aurel, etc. 208
Chap. XI. Saint-Remy et les Baux. 223

www.ingramcontent.com/pod-product-compliance
Lightning Source LLC
Chambersburg PA
CBHW070526170426
43200CB00011B/2335